S. FISCHER

MONIKA MARON

Artur Lanz

Roman

S. FISCHER

Aus Verantwortung für die Umwelt hat sich der S. Fischer Verlag zu einer nachhaltigen Buchproduktion verpflichtet. Der bewusste Umgang mit unseren Ressourcen, der Schutz unseres Klimas und der Natur gehören zu unseren obersten Unternehmenszielen.

Gemeinsam mit unseren Partnern und Lieferanten setzen wir uns für eine klimaneutrale Buchproduktion ein, die den Erwerb von Klimazertifikaten zur Kompensation des CO_2-Ausstoßes einschließt.

Weitere Informationen finden Sie unter:
www.klimaneutralerverlag.de

MIX
Papier aus verantwortungsvollen Quellen
FSC® C083411
FSC www.fsc.org

Originalausgabe
Erschienen bei S. FISCHER

Hedderichstr. 114, D-60596 Frankfurt am Main

Satz: Dörlemann Satz, Lemförde
Druck und Bindung: CPI books GmbH, Leck
Printed in Germany
ISBN 978-3-10-397405-8

Für Anton

Später habe ich behauptet, es sei ein Zufall gewesen, dass ich Artur Lanz getroffen habe. Aber was ist ein Zufall?

Ich wusste nicht mehr genau, wann er mir zum ersten Mal aufgefallen war. Wahrscheinlich hatte er an den Tagen zuvor auch schon da gesessen, und ich hatte ihn nur nicht beachtet. Er saß als Einziger auf der Schattenseite des Platzes, auf der Sonnenseite saßen die Säufer, saß gebeugt auf der Bank und zeichnete mit einem Zweig etwas in den Sand zwischen seinen Füßen. Der Mann passte nicht zu dem Platz. Er war zu gut gekleidet, sein Jackett neben ihm auf der Bank, die Jeans, die Schuhe, alles zu teuer, zu elegant. Er musste da ganze oder wenigstens halbe Tage verbringen, denn immer, wenn ich morgens den Platz überquerte, um Brötchen und eine Zeitung zu kaufen, oder wenn ich mittags meinen Einkauf im Supermarkt erledigte, saß er da, allein, und malte Zeichen in den Sand oder sah gedankenverloren vor sich hin. Er war vielleicht fünfzig Jahre alt, von schmaler Gestalt, mit blondem, leicht ergrautem

Haar, das in kurzen Locken wirr um seinen Kopf stand, als würde er es ständig mit den Händen durchfahren.

Der Sommer war mild und trocken. Seit Wochen hatte es nicht geregnet, die ganze Stadt roch nach Staub, der durch die Luft wehte und das Atmen schwer machte, die Wiese auf dem Platz verfärbte sich allmählich gelblich-braun. Es gab schönere Orte für einen einsamen Menschen als diese Bank auf dem verwahrlosten Platz neben einer viel befahrenen Hauptstraße.

Der Mann sah aus, als hätte er sich auch eine Reise nach Italien oder an die Côte d'Azur oder sonst wohin leisten können, statt sein Leben ungetröstet in diesem Großstadtstaub zu vergeuden. Sooft ich dem Mann auf seiner Bank begegnete, wuchs mein Interesse an ihm, und ich begann, ihm Gründe für seine sonderbare Anwesenheit zu erfinden. Seine Frau könnte ihn verlassen haben, oder sie war sogar gestorben; oder man hatte an ihm einen unheilbaren Krebs diagnostiziert. An diesem Mittwoch fielen mir direkt vor seiner Bank zwei Äpfel aus meiner bis an den Rand gefüllten Einkaufstasche, ein Zufall, dem ich ein bisschen nachgeholfen hatte. Er sprang auf, hob sie auf und reichte sie mir mit einem liebenswürdigen und zugleich etwas abwesenden Lächeln.

Ich nutzte die Gelegenheit, stellte meine Tasche ab, um ihren Inhalt zu ordnen, und fragte, ob ich mich einen Augenblick neben ihn setzen dürfe. Aber natürlich, sagte er und rückte von der Mitte der Bank ein Stück zur Seite.

Ich zündete mir eine Zigarette an und fragte, um ein kleines Gespräch zwischen uns zu eröffnen, ob mein Rauch ihn störe.

Nein, nein, sagte er, wieder mit diesem Lächeln. Und dann nach einer Weile: Ich habe selbst erst vor kurzem aufgehört, notgedrungen.

Er zeigte auf sein Herz.

Oh, das tut mir leid, sagte ich und überlegte, wie ich das Gespräch fortsetzen könnte, ohne den Eindruck offensichtlicher Neugier zu erwecken, und entschied mich für eine abfällige Bemerkung über die Säufer, die den Platz wohl endgültig erobert hätten.

Der Mann hob den Kopf, warf einen Blick hinüber auf die Sonnenseite, wo ein paar Männer und zwei Frauen sich fröhlich lärmend um eine Bank und einen Kasten Bier versammelt hatten, und sagte in einem Ton, der halb bitter, halb belustigt klang: Die haben es doch gut, die haben es hinter sich.

Ehe ich fragen konnte, was diese vielleicht bedauernswerten, aber trotzdem unsympathischen Zeitgenossen hinter sich hätten, sagte er: Die stellen keine Fragen mehr, die brauchen keine Antworten mehr. Alle Fragen heißen nur noch Schnaps und Bier und alle Antworten auch, bis es endgültig vorbei ist.

Es klang fast, als neide er dieser saufenden Gemeinschaft ihren enthemmten, gedankenlosen Frohsinn.

Ich beließ es bei einem kurzen Na ja. Obwohl auch mir natürlich klar war, dass sich hinter jeder der armseligen Gestalten ein trauriges Schicksal vermuten ließ, gab ich mir keine Mühe, meinen Widerwillen, sogar Ekel zu unterdrücken, den ich bei ihrem Anblick empfand.

Eigentlich hätte ich den Mann am liebsten gefragt, was um alles in der Welt ihm denn zugestoßen sei, dass er selbst ein Leben von obdachlosen Säufern für beneidenswert hielt, was er aber als ungehörig empfinden müsste, weil mich, eine wildfremde Person, sein Unglück nichts anging, außer er hätte das Bedürfnis, es mir zu offenbaren.

Ich hätte ihn hier schon öfter bemerkt, sagte ich, und mich gefragt, warum jemand wie er an diesem trostlosen Ort seine Zeit verbringe.

Es sei ein guter Ort zum Nachdenken, sagte er, jeden Tag sehe er hier dieselben Leute mit ihren Hunden, dieselben Säufer und dieselben Alten. Sehen Sie, all die Menschen hier, und jeder von ihnen ist sein eigener Kosmos, und jeder ist der Welt vollkommen gleichgültig, genau wie ich. Ein guter Ort zum Nachdenken, sagte er noch einmal.

Oh, solche Gedanken kenne ich, sagte ich, darum sind schlaflose Nächte so furchtbar, und je älter man wird, umso furchtbarer. Die Vorstellung, eines Nachts ganz allein sang- und klanglos von der Welt zu verschwinden und zu wissen, dass es für die Welt von größter Gleichgültigkeit ist, ist unerträglich.

Und genau das sei ihm passiert, sagte er, fast passiert, da er ja noch lebe. Aber er sei sicher gewesen zu sterben, nachts und allein. Er hätte es gerade noch geschafft, die Feuerwehr zu rufen, die Tür hätte man aufbrechen müssen.

Allein die Erinnerung versetzte ihn in Atemnot, er hustete, als müsse er die Angst aus seinem Körper würgen.

Das ist jetzt fünf Monate her, sagte er und sah mich an mit einem Ausdruck kindlicher Ratlosigkeit, zu der die tiefen Furchen von den Mundwinkeln zum Kinn und über der Nasenwurzel einen seltsamen Kontrast boten.

Wir schwiegen eine Weile, während er weiter mit dem Stöckchen Linien in den Sand zog. Ich versuchte, ein Muster in seiner Malerei zu erkennen, fand aber nichts als willkürliches Gekritzel.

Ich dachte, dass es nun, da wir uns von unseren Todesängsten erzählt hatten, vielleicht an der Zeit sei, einander vorzustellen und unsere flüchtige Bekanntschaft so in etwas vage Verbindliches zu erheben.

Ich heiße übrigens Charlotte Winter, sagte ich.

Er überlegte einen Augenblick, wie er meine Offerte beantworten sollte, und verriet mir dann mit leisem Widerwillen in der Stimme auch seinen Namen: Artur, Artur Lanz. Und dann, als sei ich ihm endgültig zu nahe getreten, stand er auf, murmelte etwas von einem dringenden Termin und verließ mit federnden Schritten, die ich ihm nicht zugetraut hatte, den Platz in Richtung der Hauptstraße. Offenbar hatte ich im Ritual einer höflichen Annäherung doch einige Stufen übersprungen. Ich hoffte, meine Ungeschicklichkeit bei einem nächsten Treffen korrigieren zu können, aber in den Tagen und Wochen danach habe ich Artur Lanz nicht wieder auf dem Platz entdeckt.

Erst im Herbst traf ich ihn wieder und hätte ihn fast nicht erkannt. Er kam mir auf dem Weg zum Supermarkt entgegen, in einer Hand eine Einkaufstüte, in der anderen einen Blumenstrauß, mit wehendem Mantel, obwohl es kalt und windig war, und einer für die Jahreszeit auffällig sonnengebräunten Haut. Kaum etwas erinnerte an den verzagten Mann auf der Parkbank, von dem ich mir einige Monate zuvor vielleicht sogar eine interessante Vorlage für eine Erzählung versprochen hatte. Ich war nicht sicher, ob er mich nicht erkannte oder ob er die Begegnung mit mir vermeiden wollte. Jedenfalls wäre er, hätte ich ihn nicht angesprochen, an mir vorbeigegangen.

Als ich ihn mit seinem Namen ansprach, blieb er stehen, musterte mich, bis ein Erkennen durch seine Augen zuckte.

Ob er sich erinnere, fragte ich.

Ja, doch, natürlich, Charlotte Winter, nicht wahr? Sie waren ja die Einzige, die mich damals angesprochen hat, sagte er, und er sei froh mich zu treffen, weil sich so die Gelegenheit biete, sich wenigstens nachträglich für den seltsamen Eindruck zu entschuldigen, den er auf mich gemacht haben müsse. Er sei in einem desolaten Zustand gewesen, wohl auch wegen der vielen Medikamente, die man ihm verabreicht habe.

Ich versicherte ihm, dass ich ihn auch in seinem desolaten Zustand als angenehmen Menschen empfunden hätte, mich aber freute, ihn so erholt zu sehen.

Als er mir daraufhin von seinem glücklichen Aufenthalt auf Samos zu erzählen begann, ergriff ich, in der Hoffnung, meine Neugier nachträglich zu befriedigen, die Gelegenheit und lud ihn zu einem Kaffee ins »Rosis« ein, von dem wir keine fünfzig Meter entfernt standen.

Wir fanden einen Tisch am Fenster, durch das dürre Laub einer Linde sah man, wie sich in den Fenstern des gegenüberliegenden Hauses die späte Sonne spiegelte. Herr Lanz erzählte vom Meer, von den liebenswürdigen Besitzern der kleinen Pension, die er ganz zufällig gefunden hatte, von den erwachsenen Kindern der Wirtsleute, die nun wieder bei den Eltern leben mussten, beide studiert, sie Medizinerin, er im Bauwesen, beide arbeitslos. Und dann die Flüchtlinge natürlich, die hat er auch gesehen, der Strand voller Schwimmwesten und Müll, aber Gott sei Dank nicht auf seiner Seite der Insel, trotzdem, was für ein Elend. Ich bedauerte meine Idee mit dem Kaffee schon, als er plötzlich innehielt.

Ich langweile Sie, was? Ich kenne das, die Leute erzählen von ihren Urlauben immer das Gleiche, nette Leute, ein bisschen Schuldgefühle wegen der

Armut, aber das Meer, das unendliche Meer. Ich muss mich entschuldigen.

Als er lachte, sah ich für einen Augenblick den jungen Mann vor mir, der er vielleicht einmal gewesen war. Er war mir sympathisch, aber das Geheimnis, das ich dem verlorenen Mann auf der Parkbank angedichtet hatte, hatte er für mich verloren. Und wäre nicht plötzlich ein dröhnender Platzregen aus dem Himmel gestürzt, der in schweren Tropfen gegen die Fensterfront neben uns trommelte, hätte unsere kurze Bekanntschaft an diesem Nachmittag wahrscheinlich ihr Ende gefunden und ich hätte nichts von dem Drama erfahren, das in der Männerseele von Artur Lanz tobte.

Klatschnasse Menschen strömten lachend oder schimpfend in das überfüllte Café, versammelten sich um den Tresen, aus der durchweichten Kleidung der neuen Gäste zog ein feuchter Dunst durch den Raum, eine verbrüdernde Stimmung, wie sie extreme Wetterlagen, stundenlange Zugverspätungen oder Staus auf Autobahnen zuweilen stiften, breitete sich aus.

Herr Lanz schlug vor, nun zum Wein überzugehen, schlängelte sich, ohne meine Antwort abzuwarten, zum Tresen und kam nach einer Weile mit zwei Gläsern Rotwein in den Händen zurück. Es blieb nicht bei diesem einen Glas, auch nicht, als es längst nicht mehr regnete und die Dämmerung schon der Dunkelheit gewichen war. Ich glaube, an diesem Abend war ich für Artur Lanz wie ein zufälliger Mitreisender in einem Zug, dem man getrost die eigene Lebensgeschichte anvertrauen darf, weil man ihn vermutlich nie wiedersehen wird, und dem man nicht einmal den eigenen Namen verrät. Er wollte jemandem, der nichts über ihn wusste und ihn allein darum nicht widerlegen konnte, erzählen, wer er war, wer er eigentlich war. Und dieser Jemand war zufällig ich.

Ein Erlebnis, erzählte er, hätte für ihn alles verändert, ein Erlebnis, das anderen Menschen banal vorkommen mag, dem aber alles andere gefolgt sei, die Scheidung, vielleicht sogar die Krankheit, das wirre Umherdenken, alle diese Fragen.

Vor einem Jahr, im Sommer, seien sie, seine Frau und er, mit ihrem Hund zu Besuch bei Freunden auf dem Land gewesen, ein schönes Anwesen im Oderbruch. Am Nachmittag sei er allein mit dem Hund spazieren gegangen.

Herr Lanz zog sein Telefon aus der Tasche und zeigte mir ein Foto von seinem Hund, ein schwarzer, schnauzbärtiger Mischling, der mich ein bisschen an Nietzsche erinnerte.

Er hätte den Hund an der Leine gehalten, wegen seines ausgeprägten Jagdtriebs und der fremden Umgebung, an einer acht Meter langen Flexileine.

Ein heißer sonniger Tag war es, erzählte Herr Lanz, sonntägliche Ruhe über den Feldern, ein weißbeflockter, herrlicher Himmel, ich gab mich ganz dem Augenblick hin, als sich der Hund plötzlich losriss und mitsamt der Leine in ein endloses Rapsfeld stürmte. Am Griff dieser Leine befindet sich ein schweres Gehäuse, in dem sie aufgerollt werden kann, verstehen Sie, es war mir sofort klar, dass dieser Apparat sich irgendwann im Rapsgestrüpp verheddern würde und der Hund sich nicht mehr befreien könnte. Ich rief, ich pfiff, ich lief hilflos am Rand des Feldes auf und ab. Ich dachte an Hubschrauber und Wärmebildkameras, aber wer würde einen Hund retten wollen mit solchem Aufwand. Ich musste etwas tun. Dem Hund in das Rapsfeld hinterherzulaufen, war sinnlos, ihn darin zu finden aussichtslos. Ich sah den sterbenden Hund vor mir, mit heraushängender Zunge, erdrosselt beim verzweifelten Versuch, sich zu befreien. Oder langsam und qualvoll verdurstend, ich konnte nicht einfach weggehen und den Hund verrecken lassen. Ich hatte gesehen, dass er neben einer hohen, blaublühenden Pflanze ins Feld gerannt war, und hoffte, er hätte eine sichtbare Spur hinterlassen, aber das verschlungene, lianenartige Gewächs hatte sich wie unberührt hinter ihm geschlossen. Ich kämpfte mich Meter für Meter durch dieses störrische, feindselige Gestrüpp, rief immer wieder vergebens nach dem Hund. Mein Herz, dem ich schon länger nicht mehr ganz vertraute, schlug so wild, dass ich fürchtete, ich könnte selbst sterben bei diesem hoffnungslosen Unterfangen und niemand würde uns finden, weil niemand wusste, wo er uns suchen sollte. Ich weiß nicht, wie weit ich mich durch das Dickicht vorgearbeitet hatte, unter ständigem, mittlerweile atemlosen Rufen, als ich ein zartes Fiepen hörte, zuerst ganz leise, dann, wenn ich seinen Namen rief, immer lauter, bis ich bei ihm war. Die Leine vielfach verschlungen in dem krummen Gewächs, dass es ihn bald erwürgt hätte. Als wir dem Raps endgültig entkommen waren, musste ich mich ausruhen. Wir saßen am Wegrand, der Hund unbekümmert, er wusste nichts von der Todesgefahr, in der er gesteckt hatte, und mich überkam mit dem Abklingen meines Pulsschlags allmählich ein wunderbares, ja, ein fast heiliges Gefühl. Ich hatte etwas Unmögliches gewagt, ich hatte sogar mein Leben riskiert. Für einen Hund. Für einen Hund, weil ich ihn liebte. Ich hatte es geschafft, ich hatte ihn gerettet. Ich empfand nicht nur ein tiefes

Glück, sondern etwas Unbeschreibliches, etwas sehr Großes. Und als ich so fühlte, dass es meinen ganzen Körper mit einem süßen Schmerz durchströmte, wusste ich, dass ich mich nach einem solchen Gefühl immer gesehnt hatte.

Er trank einen Schluck, sah mich dabei über den Rand des Glases an.

Sie haben keinen Hund? Sie lächeln so. Menschen, die nie mit einem Hund gelebt haben, verstehen das nicht. Aber Liebe ist Liebe, sagte er mit einer Bestimmtheit, als erwarte er meinen Widerspruch.

Ich glaube, dass ich um den Hund meiner Kindheit nicht weniger getrauert habe als um meine Großmutter, sagte ich, ich verstehe das. Wenn ich wirklich gelächelt habe, dann eher, weil Ihre Rettungsaktion Sie so glücklich gemacht hat, dass Sie danach offenbar Ihr ganzes Leben über den Haufen geworfen haben, samt Ihrer Gesundheit.

Herr Lanz winkte der Kellnerin, die, nachdem die Regengäste abgezogen waren, wieder ansprechbar war, und bestellte noch zwei Gläser Wein.

Über den Haufen geworfen habe er es eigentlich nicht, sagte er, es sei eher zusammengebrochen, aber das sei eine lange Geschichte.

Er sah in das leere Glas vor ihm, als ließe sich darin etwas erkennen, schüttelte den Kopf und schwieg.

Wie geht es Ihrem Hund, fragte ich, um das Gespräch wieder zu beleben.

Der ist nicht mehr mein Hund. Den hat meine Frau behalten und geschworen, dass ich ihn nie wiedersehe. Unsere Kinder sind erwachsen, mit denen konnte sie mir nicht drohen. Aber mit dem Hund. Sie hat behauptet, ich würde den Hund mehr lieben als sie. Und als sie das sagte, wusste ich, dass sie recht hatte. Ich liebte sie weniger als den Hund, eigentlich liebte ich sie gar nicht mehr. Ich hätte nicht sagen können, seit wann ich sie nicht mehr liebte, es war allmählich passiert, und ich hatte mich daran gewöhnt. Davor hätte ich das niemals zugegeben. Wer will schon mit einer Frau leben, die er weniger liebt als den Hund? Wer würde so etwas zugeben? Oder?

Er wartete auf meine Antwort.

Aber nun hatten Sie es zugegeben, sagte ich.

Natürlich habe ich es abgestritten, sagte er, ich schwor ihr, dass ich auch sie aus dem Rapsfeld gerettet hätte, was ja aber nicht nötig gewesen wäre, weil sie keine Leine um den Hals trug, an der sie sich hätte verfangen können. Aber dieser Satz »Ich liebe meinen Hund mehr als meine Frau« schwoll in mir an, mit jedem Tag wurde er mächtiger. Ich konnte sie nicht mehr ansehen, ohne daran zu denken. Ich verachtete mich, nicht weil es so war, sondern weil ich es ertrug. Im Winter bin ich ausgezogen. Den Hund hat sie behalten.

Und dann, wieder nach längerem Schweigen, sagte er, wissen Sie, warum ich Artur heiße? Weil meine heldenverliebte Mutter mit der Verbindung von Artur und Lanz die Geschichte vom Heiligen Gral beschwören wollte. König Artus und Lancelot in ihrem einzigen Sohn vereint, davon muss sie geträumt haben. Warum es ausgerechnet diese Artusrunde war, die das Bild von einem heldenhaften Mann in ihr derart geformt hat, warum nicht Odysseus oder Perseus oder Robin Hood oder James Bond, habe ich nicht herausgefunden. Sie sagte, sie hätte schon als junges Mädchen ein Buch darüber gelesen und es nicht vergessen können. Aber sie hat auch andere Bücher über andere Helden gelesen, die sie vergessen konnte. Also las sie mir, auch als ich selbst längst lesen konnte, in einem sanften, fast schwärmerischen Ton die Geschichten von Rittern vor, die im Vorüberreiten mal so zehn andere Ritter besiegten oder sogar erschlugen, um der eigenen Ehre oder der Ehre ihres Königs oder der Königin willen. Eigentlich war meine Mutter eine sehr friedfertige, eher schüchterne Frau mit künstlerischen Ambitionen. Ihr Leben lang schrieb sie Tagebücher voll, die sie aber vor ihrem Tod alle verbrannt hat. Sie arbeitete halbtags in einem kleinen Architekturbüro als technische Zeichnerin, und einmal in der Woche ging sie in den Malzirkel, wo sie Stillleben malte, im Sommer auch Landschaften. Wir lebten in einer kleinen Stadt mit einer hübschen Umgebung. Wenigstens eins der Tagebücher hätte ich gern gelesen, vielleicht hätte es mir ihre Leidenschaft für diese schwerterschwingenden Helden, die sie auch ihrem Sohn ins Herz pflanzen wollte, erklären können.

Und hat sie? Hat sie Ihnen diese Leidenschaft ins Herz gepflanzt, fragte ich.

Herr Lanz lachte, schüttelte den Kopf. Vielleicht, ich weiß es gar nicht, jedenfalls weiß ich es nicht mehr. Damals sicher, aber ich war nicht der Kämpfertyp, wissen Sie, auch nicht besonders sportlich, obendrein anfällig für allerlei Infekte. Aber sicher wäre ich gern so ein Ritter gewesen, der schon aus zehn Wunden blutet und trotzdem nicht in die Knie geht und am Ende der Sieger bleibt. Nein, ich war wohl eher der Typ fürs heldenhafte Diskutieren, der ausgleichende Vermittler, irgendwann war ich sogar Klassensprecher. Ich fand Batman toll wie alle Jungs, aber ich glaube, ich habe nicht einmal gewusst, welche Heldentat ich hätte vollbringen sollen. Ich las zwar die Bücher, die meine Mutter mir immer mal wieder neben das Bett und ans Herz legte, aber wenn ich überhaupt davon geträumt habe, ein Held zu sein, dann als Gefährte von Lancelot und Parzival und nicht als Held in meinem eigenen Leben. Aber man weiß ja nicht, was mit den Geschichten, die man liest, passiert. Man verbringt ein paar Tage mit fremden Menschen in einer anderen Welt, freut sich mit ihnen, leidet mit ihnen, trauert und ist glücklich mit ihnen, und dann verlässt man sie wieder oder vergisst sie sogar. Aber irgendwo bleiben sie ja wie alle Erinnerungen, und eines Tages, wenn ihre Zeit gekommen ist, tauchen sie wieder auf. An Artus und Lancelot denke ich erst in den letzten Monaten wieder, seit ich den Hund aus dem Rapsfeld gerettet habe. Und eigentlich frage ich mich zum ersten Mal, was meine Mutter im Sinn hatte, als sie mich mit diesen Heldengeschichten gefüttert hat.

Unsere Gläser waren schon wieder leer. Diesmal winkte ich der Kellnerin und bestellte, ohne Herrn Lanz zu fragen, den nächsten Wein.

Und Ihr Vater, fragte ich. Sie sprechen gar nicht von Ihrem Vater.

Mein Vater war Landvermesser und viel unterwegs. Überhaupt war er ein stiller Mann. Er war ein Flüchtlingskind, vertrieben aus den Sudeten. Meine Mutter behauptete, er hätte die Demütigungen in der Kindheit und auch später nie verwunden. Ich sagte ja, wir lebten in einer kleinen süddeutschen Stadt. Sogar als meine Mutter, Tochter einer angesehenen eingesessenen Familie, diesen Fremden geheiratet hat, sorgte das noch für Gerede. Da hatte er schon sein Ingenieursdiplom und ein ordentliches Einkommen.

Die Kellnerin brachte den Wein, und ich fragte Herrn Lanz, ob er mich auf den unwürdigen Gang vor die Tür begleiten würde, ich müsse jetzt unbedingt eine Zigarette rauchen. Immerhin gönnte man den Rauchern einen Stehtisch, auf dem ein Teelicht in einem roten Glas rudimentäre Gastlichkeit verbreiten sollte. Eine Weile standen wir schweigend einander gegenüber, die Straße war menschenleer, nur die eiligen Schritte einer Frau hämmerten durch die Stille. Herr Lanz sah zu, wie ich süchtig an meiner Zigarette zog, und in einem Ton, dem anzuhören war, dass ihm ein innerer Kampf vorausgegangen war, sagte er: Ach, geben Sie mir auch eine.

Und Ihr Herz?

Herr Lanz winkte ab. Es war ihm anzusehen, dass er ein passionierter Raucher gewesen war; wie er die

Zigarette hielt, wie er den Rauch ausstieß, zeugte von dem Genuss oder der Beruhigung, die ihm das Rauchen bereitete.

Mein Vater ist mit vierundfünfzig am plötzlichen Herztod gestorben, sagte er, und hat nicht geraucht.

Dann schwiegen wir wieder und rauchten.

Ich befürchtete, durch meine Gier nach einer Zigarette die zufällige Intimität unseres Gesprächs dem geschützten Raum von Rosis Café entrissen und damit verdorben zu haben, als Herr Lanz fragte, ob ich mich in der Artussage auskennte.

Ich gestand meine diesbezügliche Unbildung und dass ich eigentlich nur mit der Geschichte von Parzival vertraut sei, weniger mit der von Artus und Lancelot, die ihn wahrscheinlich interessierten.

Herr Lanz nickte nur ein paarmal, als hätte er meine Antwort erwartet. Er finde einfach niemanden, mit dem er sich darüber austauschen könne. Erst in letzter Zeit beschäftige ihn die Frage, auf welchen Mann seine Mutter gehofft hat, als sie ihm diesen Namen gab und diese Bilder in den Kopf pflanzte, und ob sie enttäuscht war, dass aus ihm kein Held, sondern ein ganz durchschnittlicher, unheldischer Mann geworden war. Ich hätte sie fragen sollen, sagte Herr Lanz bekümmert.

Ich fragte mich, was Frau Lanz ihrem Sohn hätte

antworten können. Vielleicht fand sie seine Art zu leben, sein Studium und seinen Beruf zu bewältigen, seine Kinder zu erziehen und seine Ehe zu ertragen ja heldenhaft genug. Sie wird gewusst haben, dass ihr Artur nicht zum Kämpfer geboren war, und hat ihm darum Mut zum Mut einpflanzen wollen, um das zu erreichen, was für ihn möglich war. Und wenn nicht, wenn er nicht der Mann geworden war, den sie sich erhofft hatte, hätte sie ihn doch trotzdem geliebt. So schnell sind Mütter von ihren Kindern nicht zu enttäuschen. Eher wird sie sich gefragt haben, ob sie das Kind mit ihren Heldengeschichten nicht verschreckt statt ermutigt und es damit selbst zu einem bescheideneren Lebensentwurf gedrängt hat. Aber auch wenn sie wirklich enttäuscht gewesen wäre, hätte sie auf seine Frage danach auf keinen Fall geantwortet: Ja, ich bin von dir enttäuscht.

Es war kühl, die Luft noch immer regenfeucht. Wir zündeten uns jeder noch ein Zigarette an, als könnte die uns wärmen.

Aber was hätte Ihre Mutter Ihnen antworten können, fragte ich.

Ich weiß, sagte Herr Lanz, solche Fragen sind sinnlos, wahrscheinlich fallen sie einem darum auch erst ein, wenn man sie sowieso nicht mehr stellen kann.

In meinem Alter, sagte ich, hätte ich mit dem Tod anderer Menschen wahrscheinlich mehr Erfahrung als er und könne ihm versichern, dass jeder Tote uns mit einer Schuld zurücklässt, jedem bleiben wir etwas schuldig, eine Frage, ein Bekenntnis oder schlimmer, etwas, das wir hätten tun müssen und nicht getan haben, weil wir nicht konnten oder geglaubt haben, es sei noch genügend Zeit. Und der einzige Trost über unser schuldhaftes Versagen sei, dass auch wir andere mit solcher Schuld hinterlassen würden, weil es eben unvermeidbar sei.

Herr Lanz drehte die Zigarette zwischen seinen Fingern, sah zu, wie die Glut sich durch das dünne Papier fraß, und sagte nach längerem Nachdenken: Aber die Toten bleiben auch uns etwas schuldig.

Wie auch immer, sagte ich, auf jeden Fall sei beides endgültig.

Vielleicht lag es an dem trostlosen Thema, in dem wir uns verfangen hatten, vielleicht auch nur an dem Wort endgültig, dass wir beide das Gefühl hatten, unser Gespräch hätte sich erschöpft, jedenfalls für diesen Abend. Herr Lanz sah auf seine Uhr, und ich gab vor, noch einen dringenden Anruf erledigen zu müssen.

Herr Lanz bestand darauf, mich nach Hause zu begleiten, und vor der Haustür sagte er mit bemühter Beiläufigkeit, es wäre nett, wenn man das Gespräch bei Gelegenheit fortsetzen könnte. Und ich sagte, inzwischen wolle ich mich über seine beiden Namensgeber Artus und Lancelot kundig machen, er habe meine Neugier geweckt. Wir tauschten noch unsere Telefonnummern aus, verabschiedeten uns dann aber so förmlich, als sei uns die Vertrautheit der vergangenen Stunden nun peinlich.

In der Woche darauf begann ich tatsächlich, mich mit dem Kindheitstrauma meines neuen Freundes zu beschäftigen. Ich besorgte mir allerlei Literatur, darunter das Buch über die Artusrunde einer preisgekrönten Jugendbuchautorin, von dem ich mir einen verständlichen und trotzdem seriösen Überblick versprach, außerdem ein paar Abhandlungen über den Helden im Allgemeinen und das Postheroische in unserer Zeit, das sich mir in der zerrissenen Seele von Artur Lanz zu offenbaren schien. Und natürlich hatte ich meine Hoffnung, dabei einen lohnenden Stoff für eine Erzählung, vielleicht sogar einen Roman zu finden, nicht aufgegeben, wobei mich die schamlose Ausbeutung fremder Biographien zwar immer noch genierte, aber nicht davon abhielt, mich wie ein Vampir in ihnen festzubeißen. Und in Herrn Lanz glaubte ich ein lohnendes Opfer gefunden zu haben.

Am Sonnabend war ich bei Bergmanns eingeladen, eine kleine Runde, Adam hatte gekocht, geschmorten Ochsenschwanz und eine Himbeertarte zum Dessert. Adam hatte ich Anfang der neunziger Jahre in der Evangelischen Akademie Tutzing bei einer Tagung über die Rezeption der Weimarer Klassik in der DDR kennengelernt. Wir waren uns darin einig, dass die sozialistische Verehrung der Klassik vor allem der Ablehnung der Moderne entsprungen war. Ich erklärte Adam, dass das größte Problem in der Unbildung der regierenden Arbeiter und Bauern bestand. Sie hatten Angst vor Kafka, weil sie ihn nicht verstanden oder befürchteten, ihn nicht zu verstehen. Schiller und Goethe zu verehren, brauchte keinen Mut, ob man sie verstand oder nicht. Wir waren einander sympathisch und wohnten beide in Berlin. Kurz darauf lud Adam mich zu einer größeren Runde ein, zu der damals schon die Zeisigs und die Müller-Hermsdorfs gehörten. Damals glaubte ich, Adam führe mich der Runde als seine ostdeutsche Trophäe vor. Vielleicht war es auch so, aber mit den Jahren wurden wir Freunde, und unsere verschiedenen Jugenderfahrungen waren oft ähnlicher, als wir angenommen hatten.

Adam bewohnte eine Wilmersdorfer Siebenzimmerwohnung, in der er schon mit seiner ersten Frau gewohnt hatte und in der wir nun in dem Berliner Zimmer, einem großen Durchgangszimmer, das den vorderen, repräsentativen Teil der Wohnung vom Küchen- und Wirtschaftstrakt trennte, um den runden Esstisch herum saßen.

Das Ehepaar Müller-Hermsdorf, er ein ehemaliger, inzwischen auch emeritierter Kollege von Adam, seine Frau Psychologin, Wolf und Ulrike Zeisig, beide Künstler, Penelope Niemann, ehemalige Hamburger Kultursenatorin, und Eva, Adams zweite Frau, die zwanzig Jahre jünger war als er und eigentlich Gudrun hieß, von ihm aber in der Zeit ihrer ersten Verliebtheit, die erst fünfzehn Jahre zurücklag, in Eva umgetauft worden war. Als sie sich kennenlernten, war Eva Pressereferentin irgendeiner Berliner Kulturbehörde, seit Adams Pensionierung arbeitete sie nicht mehr, sondern reiste mit ihm zu Vorträgen und Kongressen rund um die Welt.

Es war mir ein Rätsel, wie Adam die Auswahl seiner Gäste traf. Fast immer, wenn er mich einlud, fand ich mich in einer Gesellschaft, der ich lieber ferngeblieben wäre. Entweder entledigte er sich so einiger unliebsamer Verpflichtungen, zu denen auch ich gehörte. Oder er lud mich in diese triste Runde, weil er hoffte, dass ich, wenn ich mich hinreichend gelangweilt hätte, irgendeinen Streit provozieren würde, der durch die Anwesenheit von Penelope Niemann sowieso unvermeidbar war. Noch nie hatten wir gemeinsam an einem Tisch gesessen, ohne uns zu streiten. Ihren rätselhaften Aufstieg in allerlei kulturelle Beiräte und Vorstände bis zur Kultursenatorin verdankte Penelope, die weder Philosophie noch Kunst oder Germanistik, sondern Soziologie studiert hatte, vor allem dem Umstand, dass sie eine Frau war und diese biologische Tatsache seit ihrer Studienzeit als politische Waffe temperamentvoll geschwungen und durch einen exzentrischen Kleidungsstil unübersehbar in Szene gesetzt hatte. Wenn es um die Besetzung eines Gremiums ging, in dem eine feministische und andere fortschrittsverheißende Stimme gebraucht wurde, musste einem einfach Penelopes farbenprächtige Erscheinung einfallen. Obwohl sie die sechzig inzwischen auch schon überschritten hatte, stürmte sie auch an diesem Abend atemlos in den Raum, als hätte sie es nur mit Mühe von einem letzten wichtigen Termin hierher geschafft, küsste Adam, umarmte Eva, drückte Hände und ließ sich mit einem zufriedenen Seufzer auf den Stuhl neben mir fallen, fügte sich aber schnell der routinierten Heiterkeit der Runde, die man dem Gastgeber schuldig zu sein glaubte. Die Zeisigs berichteten von einer gemeinsamen Ausstellung in einer kleinen hessischen Stadt, deren Namen ich noch nie gehört hatte, Müller-Hermsdorf erzählte Adam vom sensationellen posthumen Erfolg eines ehemals gemeinsamen Kollegen, Frau Müller-Hermsdorf klagte über das Hüftleiden ihres Hundes, was Anlass bot, über die gelungene Hüftoperation eines mir unbekannten Mannes zu sprechen, Eva schwärmte von dem wunderbaren Blick aufs Meer von ihrer Ferienwohnung auf Sizilien. Und Segesta und Selinunte natürlich, auch beim dritten Mal großartig, fügte Adam hinzu. Zwischendurch wurde einhellig der geschmorte Ochsenschwanz gelobt.

Und du, Charlotte, was treibst du so, fragte Adam, dem wohl aufgefallen war, dass ich mich an dem Gespräch bis dahin nicht beteiligt hatte.

Das Übliche, sagte ich, lesen und nachdenken.

Ich überlegte noch, ob es sich lohnte, in dieser Runde über Heldentum zu diskutieren, als Adam wissen wollte, worüber ich denn nachdächte. Um Zeit zu gewinnen, steckte ich mir ein Stück Himbeertarte in den Mund, sagte es dann aber doch: Über Helden, ich denke über Helden nach.

Penelope: Ach, du lieber Gott!

Frau Müller-Hermsdorf: Wenn schon, dann Heldinnen.

Ulrike Zeisig: Bei Helden denke ich sofort an Krieg.

Eva: Ich sehe gerne Filme, in denen normale Familienväter plötzlich zu Helden werden, um ihre Familie zu retten. Das sind allerdings immer amerikanische Familienväter.

Als Erster der anwesenden Männer äußerte sich Müller-Hermsdorf mit einer seinem Fachgebiet angemessenen Frage. Ob mich das Thema eher historisch oder bezüglich der Gegenwart interessiere? Und Adam wollte wissen, wie ich ausgerechnet in unserer postheroischen Gesellschaft auf dieses Thema käme.

Wolf Zeisig warf einen fragenden Blick auf seine Frau und schwieg. Adam und Ulrike Zeisig, die damals noch Ulrike Siebenthal hieß, kannten sich seit ihrer Studienzeit und hatten ein paar Jahre in derselben Wohngemeinschaft gelebt, bis Ulrike Wolf Zeisig kennenlernte und sich doch für ein Leben zu zweit entschied. Adam erzählte, dass ihre männlichen Mitbewohner von ihr damals nur als der »schönen Ulrike« gesprochen hätten: Der Staubsauger ist noch von der schönen Ulrike, oder weißt du noch, wie die schöne Ulrike den Kartoffelsalat gemacht hat. Wie schön Ulrike vor fünfzig Jahren gewesen sein muss, ließ sich heute noch ahnen. Sie war von schmaler Gestalt mit immer noch anmutigen Bewegungen, die blauen Augen ein wenig verträumt, nur die Lippen schmaler und von Fältchen umgeben, das braune, inzwischen gewiss gefärbte Haar lose im Nacken geknotet. Sie war sich sehr ähnlich geblieben, eben nur älter.

Unglücklich das Land, das Helden nötig hat, sagte Ulrike leise und nahm einen kleinen Schluck aus ihrem Glas. Wolf Zeisig nickte, fügte ein bedenkliches Tja … hinzu, und Penelope versagte sich nicht, ihre Bildung zu beweisen: Jaa, der alte Brecht …

Auf die defätistischen Bemerkungen der Frauen zu antworten, war sinnlos. Die Männer fragten wenigstens.

Ich sagte, dass eine zufällige Begegnung mich inspiriert habe, darüber nachzudenken, warum Helden so in Verruf geraten und überhaupt nur noch als Helden, am besten Heldinnen des Alltags zu ehren seien, und ob mit den Helden auch die Sehnsucht nach ihnen verloren sei.

Diese Helden hätten nun wirklich genug Unheil in der Geschichte angerichtet, rief Penelope mit routinierter Empörung in der Stimme und stellte ihr Glas dabei mit Schwung auf den Tisch, so dass der Wein fast überschwappte.

Nein, Penelope, mischte sich Ulrike Zeisig ein,

das sei doch zu einfach. Was ist mit Stauffenberg oder Bonhoeffer, sind das etwa keine Helden?

Penelope war so schnell nicht zu beeindrucken. Die hätte es gar nicht gebraucht, wenn es die verdammten Nazihelden nicht gegeben hätte.

So ging es eine Weile hin und her, bis Adam versuchte, die Diskussion in ernsthaftere Bahnen zu lenken.

Wir alle, wie wir hier sitzen, sagte er, sind noch im Krieg oder in der Nachkriegszeit geboren und haben unser halbes Leben damit verbracht, die Folgen des Krieges zu erdulden oder aufzuarbeiten. Wir sind sozusagen gebrannte Kinder und haben in diesem Sinne unsere eigenen Kinder erzogen. So ist es allen Deutschen, allen Europäern ergangen. Wir sind die Antikriegs-, Antiatom-, Antikolonial-, die antifaschistische Generation, die außerdem zu wenig Kinder in die Welt gesetzt hat. Wir sind eine durch und durch pazifizierte Gesellschaft, für die allein der Gedanke, das Leben einer Idee oder dem Vaterland zu opfern, eine Zumutung ist.

Adam sah uns, während er sprach, nicht an, sondern richtete seine Augen starr auf den Teller vor ihm, und ich befürchtete, er verwechselte allmählich den runden Esstisch mit einem Hörsaal und uns mit seinen Studenten.

Das war bisher ja auch nicht nötig, unterbrach ich ihn.

Penelope reagierte sofort: Was heißt bisher?

Das heißt, dass es so nicht bleiben muss, sagte ich.

Nun ja, sagte Adam, nichts bleibt, wie es ist. Und das prognostizierte Ende der Geschichte war natürlich großer Humbug. Ohne Frage befindet sich die westliche Welt in einer krisenhaften Situation, allein die demographische Entwicklung gibt Anlass zur Sorge.

Müller-Hermsdorf warf noch die Stichworte China, Indien und Amerika in die Runde, und seine Frau, die Psychologin, bezweifelte, dass die Deutschen im Fall einer ernsthaften Bedrohung der Situation mental gewachsen seien, nachdem wir uns über drei Generationen die Aggressionen erfolgreich abtrainiert hätten.

Penelope verkündete, sie sei jedenfalls sehr froh, in einem unaggressiven, nicht von Testosteron beherrschten Land zu leben, worauf ich mich nicht beherrschen konnte und das Wort, das bisher alle vermieden hatten, als Brandbeschleuniger in das bislang nur glimmende Feuer warf.

Warum sie dann den Einzug des Islam in Deutschland so wohlwollend kommentiere, wie ich ihren öffentlichen Äußerungen habe entnehmen können.

Penelope riss es fast von ihrem Stuhl, sie lenkte den Reflex aber schnell auf ihre Hände, mit denen sie scharf und hörbar auf die Tischplatte schlug. Nie, niemals habe sie den Islam verteidigt, immer nur die Muslime, die Menschen, die ein verdammtes Recht auf unsere Hilfe hätten, egal woher sie kämen und woran sie glaubten. Wir haben diese Menschen jahrhundertelang unterdrückt und ausgebeutet und müssten uns dem von uns angerichteten Unheil eben stellen.

Herr und Frau Zeisig wechselten einen kurzen Blick, Müller-Hermsdorf pickte die letzten Krümel von seiner Tarte auf, Adam atmete tief ein, als wollte er zu einer kleinen Rede ansetzen, sagte aber nichts. Es war für einen Augenblick zu still.

Und was ist mit dem Testosteron, fragte ich.

Eva, die etwas nervös zwischen Küche und Esszimmer hin- und hergelaufen war, verhinderte nun entschlossen jede Antwort, indem sie in einem Ton, mit dem Mütter ihre verschlafenen Kinder morgens zum Frühstück locken, fragte, ob jemand Kaffee, Likör oder einen Schnaps wünsche. Grappa, Framboise, William Christ Birne, Calvados, Whisky, alles da.

Adam ergriff die Gelegenheit, uns ins andere Zimmer zu bitten, wo wir bequemer sitzen könnten.

Eva, nachdem sie die gewünschten Getränke serviert hatte, schob eine CD ein, Satie ertönte harmlos und beruhigend im Hintergrund. Der Rest des Abends verlief friedlich.

Ich las und las, Artus, Ginevra, Merlin, Gawan, Lancelot, und je mehr ich las, umso widerstandsloser versank ich im Reich des Zaubers und der Geheimnisse, der Ritterehre, unerschrockener Helden und der schicksalhaften Liebe. Ein Märchen, an dem Kelten, Franzosen, Engländer, Deutsche Jahrhunderte gedichtet hatten, in dem die Heldentaten mit jeder neuen Erzählung vermutlich größer wurden als die überlieferten und ihre Vollbringer edler, schöner und todesmutiger, als je ein Mensch sein könnte. Aber es lag ja eine Wahrheit unter der vielstimmigen Erzählung, Ereignisse, die der Dichtung über sie vorausgegangen waren. Und auch wenn die Heldentaten geringer waren, der König weniger großmütig und weise, die Liebe irdischer, so lebte in dem endlosen Epos über die versunkene Zeit doch die Sehnsucht, es möge so gewesen sein, die Helden so ehrenhaft, ihre Taten so großartig, ihre Liebe so rein. So ähnlich erging es mir. Natürlich wusste ich, dass ich in einer zivilisierteren, ungleich komfortableren Zeit lebte, und trotzdem trauerte ich etwas Verlorenem nach, wenn ich eine oft beschriebene Szene zwischen zwei Rittern las, deren Wege sich zufällig gekreuzt hatten, die darum im Kampf ihre Kräfte messen mussten, und der Sieger dem Besiegten beschied, er selbst müsse jetzt zwar weiterreiten, aber er, der Unterlegene, solle sich auf den Weg nach Camelot machen und sich der Gnade der Königin, deren Ritter der Sieger sei, unterwerfen, was dieser bei seiner Ritterehre versprach und auch tat. Wo ließ sich ein solches Verständnis von Ehre heute noch finden? Nicht einmal im Sport. Eine Fußballmannschaft, der unrechtmäßig ein Elfmeter zugesprochen wurde, würde ihn bedenkenlos in ein Tor verwandeln und den unverdienten Sieg reuelos bejubeln. In amerikanischen Filmen versicherten Menschen einander oft, dass es ihnen eine Ehre gewesen sei, miteinander gearbeitet oder auch nur gesprochen zu haben, was vielleicht nur eine Floskel war, die in mir aber jedes Mal, wenn ich sie hörte, als ein zartes Echo nachhallte.

Es werden weniger die blutigen Heldentaten gewesen sein, die in der Mutter von Artur Lanz die Begeisterung für König Artus und seine Ritterrunde entzündet haben, sondern die Ritterlichkeit, die Hohe Minne, die Bewunderung der Männer für die Frauen, wenn auch vorwiegend nur für deren

Schönheit, und die Bewunderung der Frauen für die heldenhaften, ritterlichen Männer.

Ich stellte mir vor, wie vor fünfzig oder sechzig Jahren ein junges Mädchen in einer kleinen süddeutschen Stadt, das durch Zufall an ein Buch über die Artusrunde geraten war, sich in diese Welt von Treue, Ehre und Heldentum, die nicht besudelt war von der deutschen Schuld, hineinträumte. Und vielleicht war es ihre eigene Tapferkeit, dass sie es wagte, einen dahergelaufenen Flüchtlingssohn zu heiraten, weil sie ihn liebte oder weil ihr romantisches Gemüt gerade ihm, dem gedemütigten Außenseiter, beistehen wollte, ihm die Kraft einhauchen, die er brauchte, um ein starker, wehrhafter Mann wie aus ihren Büchern zu werden. Aber dann wurde das Leben mit ihm vielleicht zur Enttäuschung, der Mann blieb scheu und wortkarg, wenn auch nicht lieblos. Aber sie träumte von einem wilderen Leben, in dem es auf mehr ankam als auf Rechtschaffenheit. Wahrscheinlich waren Artur Lanz' Mutter und ich in ähnlichem Alter, nur wuchs ich nicht in der süddeutschen Provinz auf, sondern im gottlosen Osten Berlins und war das Kind großzügiger, aufgeklärter Eltern, die die vitale Experimentierfreude ihrer Tochter zwar manchmal mit Sorge beobachteten, aber nie behinderten. Welche Sehnsüchte und

Phantasien in der provinziellen Enge blühen, wusste ich nur aus Erzählungen und Büchern. Die Mutter von Artur Lanz jedenfalls, stellte ich mir vor, hatte es in die Welt der Ritter verführt und ihrem Sohn diesen verheißungsvollen Namen beschert.

Zwei Wochen nach unserer letzten Begegnung rief Artur Lanz mich an. Ob er mich vielleicht auf ein Glas Wein oder ein Abendessen einladen dürfe, ihm gingen so viele Dinge durch den Kopf, Erinnerungen, die er verloren geglaubt hatte. Er hoffe, ich empfände ihn nicht als zudringlich, aber unser Gespräch sei ihm in so schöner Erinnerung, dass er dringend wünsche, es fortzusetzen.

Wir trafen uns im »Platzhirsch«, einem Restaurant am Rande des Platzes, auf dem wir uns zum ersten Mal begegnet waren. Es dauerte ein Weile, ehe wir unsere Befangenheit verloren. Wir blätterten in der Speisekarte, die, wie schon der Name des Restaurants verhieß, vorwiegend Wildgerichte anbot.

Herr Lanz entschied sich für Hirschgulasch, ich nahm den Rehrücken, beides mit Rotkohl und Klößen, dazu eine Flasche Merlot.

Artur Lanz berichtete von seinem letzten Arztbesuch, die letzten Befunde seien gut, um sein Herz stehe es bestens, jedenfalls was den medizinischen Aspekt betreffe.

Und sonst, fragte ich.

Ja, und sonst, sagte er und zuckte mit den Schultern. Irgendwie sei alles ins Wanken geraten, wahrscheinlich denke er zu viel nach. Seine Arbeit, er sei Physiker, die ihm bis vor kurzem wichtig und sinnvoll erschienen sei, bereite ihm kaum noch Freude. Auch das Leben als Single sei ungewohnt, obgleich er sich ein Leben zu zweit im Augenblick gar nicht vorstellen könne.

Und alles hat mit dem Hund im Rapsfeld angefangen, sagte er, dann der Herzinfarkt, danach die Scheidung, und plötzlich fragt man sich, wo man eigentlich falsch abgebogen ist. Aber lassen wir das. Haben Sie sich inzwischen mit unseren Helden Artus und Lancelot befassen können?

Ich erzählte ihm, wie es mir dabei ergangen war, dass ich die Geschichten gelesen hätte wie als Kind die Märchen von Prinzen und Prinzessinnen und dass ich glaubte zu verstehen, was seine Mutter daran bezaubert hatte.

Während des Essens widmete sich unser Gespräch vorwiegend den Speisen, was mir Zeit ließ, darüber nachzudenken, warum die Träume seiner Mutter so lange gebraucht hatten, um in der Erinnerung ihres Sohnes Artur wieder aufzutauchen. Nach dem zweiten oder dritten Glas Wein zog Herr Lanz einen

Briefumschlag mit Fotos aus der Tasche. Vielleicht interessiert es Sie, sagte er und breitete die kleinen quadratischen Schwarzweißbilder wie ein Kartenspiel vor mir aus. Das ist meine Mutter, sie hieß Maria, ich glaube, die Hälfte aller Frauen bei uns hieß Maria.

Auf den ersten Blick fand ich in dem Bild von Maria Lanz wenig von dem, was ich mir unter ihr vorgestellt hatte. Ein junges, hübsches Gesicht unter den toupierten, turmähnlich aufgesteckten Haaren, mit einem Lächeln, dem man ansah, dass es nur der Kamera galt, nicht dem Fotografen. Auf einem anderen Bild steht sie an einen Baum gelehnt, ein Bein angewinkelt und den Fuß gegen den Stamm gestemmt, das Haar offen, vom Wind gezaust, der Blick herausfordernd. Wären die übermäßig breiten Schulterpolster ihrer Lederjacke nicht gewesen, hätte sie nichts von heutigen jungen Frauen unterschieden.

Und hier bin ich beim Abiball, sagte Herr Lanz, tippte auf ein Foto in der hinteren Reihe und lachte verlegen, als wäre ihm dieses Zeugnis seiner jugendlichen Erscheinung peinlich. Ein hübscher, noch wenig männlicher Jüngling mit einem auffallend dünnen Hals in einem dunklen Anzug, der, obwohl er ihm passte, trotzdem zu weit oder zu lang, jedenfalls unpassend wirkte. Er sah aus, als bemühte er sich um einen ernsten, dem Anlass gemäßen Gesichtsausdruck, müsste sich aber anstrengen, um ein Lächeln zu unterdrücken. Alles an ihm schien unentschieden, das Gesicht, die Haltung, die ratlos herabhängenden Arme.

Der geborene Held waren Sie wirklich nicht, sagte ich.

Ich hatte es schon immer als ungerecht empfunden, dass Männer mit zunehmendem Alter oft an Attraktivität gewannen, dass Falten und angegrautes Haar bei ihnen das signalisierten, was sie für Frauen anziehend machte, während die gleichen Alterssymptome bei Frauen in Männern das Gegenteil bewirkten. Artur Lanz gehörte zu den Männern, denen der Verlust der Jugend nicht geschadet hatte, wenn man von seinem kranken Herzen absah und anderen körperlichen Malaisen, von denen ich nichts wusste.

Sag ich ja, der Kämpfertyp war ich nicht, sagte Herr Lanz, aber damals, er zeigte noch einmal auf sein Jugendfoto, damals war ich wahnsinnig verliebt in die Freundin meines besten Freundes. Die Geschichte fiel mir wieder ein, als ich jetzt noch einmal das ganze Drama zwischen Artus, Ginevra und Lancelot gelesen habe. Sie hieß Hanna, ich glaube, sie war nicht einmal besonders hübsch, aber sie hatte wie Ginevra wunderschönes blondes Haar. Für meinen Freund schwärmten viele Mädchen, er war der beste Sportler der Schule und spielte außerdem in einer Band. Warum er sich ausgerechnet für Hanna entschieden hatte, kann ich nicht sagen, vielleicht weil ihr Vater Chefarzt in unserem Krankenhaus war, vielleicht war er wirklich in sie verliebt, jedenfalls behandelte er sie nicht besonders gut, was mir darum viel Platz an ihrer Seite einräumte. Ich reparierte ihr Fahrrad, machte ihre Mathe-Hausaufgaben, hörte zu, wenn sie mir von ihrem Kummer mit meinem Freund erzählte, suchte stundenlang mit ihr nach ihrer Katze, wenn die wieder mal nicht nach Hause kam, aber nie, nie unternahm ich nur den geringsten Versuch, sie zu umarmen oder gar zu küssen. Inzwischen kann ich mir vorstellen, dass ich mich nur in sie verliebt habe, weil sie die Freundin meines besten Freundes war. Ich glaube, ich gefiel mir in meinem entsagenden Edelmut. Wenn ich schon kein Kämpfer war, wollte ich wenigstens ein Ritter sein, Hannas Ritter. Lancelot zwischen Artus und Ginevra, obwohl das ja nicht ganz so edelmütig endete.

Ich sagte, dass seine Mutter sich ja vielleicht gerade das von ihm erhofft hatte, was Herr Lanz bezweifelte. Seine Mutter hätte noch von jemandem sagen können, der sei ein richtiger Mann oder ein gestandenes Mannsbild. Sie hätte wohl doch etwas Heroisches im Sinn gehabt.

Ich war ungefähr so alt wie Maria Lanz, aber was ihr Sohn mir über sie erzählte, erinnerte mich eher an meine Mutter als an mich selbst. Obwohl wir im Osten, also dem sozialistischen Teil Deutschlands, lebten, wo fast alle Frauen berufstätig waren, hatte meine Mutter, als wäre es etwas Besonderes, immer betont, dass sie schließlich »ihr eigenes Geld« verdiene, war aber trotzdem davon überzeugt, dass Frauen einen Mann brauchten, zu dem sie aufschauen könnten. Ihr eigener Mann, mein Vater, war Lehrer für Mathematik und Sport, meine Mutter arbeitete als Sprechstundenhilfe in der Tierarztpraxis nebenan und reichte meinem Vater gerade bis zur Schulter. Ich glaube, dass meine Eltern in ihrer Ehe nicht unzufrieden waren. Aber schon bald nach dem Tod meines Vaters, er starb mit siebenundsechzig Jahren, schienen in meiner Mutter Erinnerungen an ihre Jugend zu erwachen. Zuerst veränderten sich ihre Lebensgewohnheiten, sie schlief länger und ging später zu Bett, sie kochte nur noch selten, belebte alte Freundschaften, sie suchte sogar nach ehemaligen Mitschülern und meldete sich, wie die Mutter von Artur Lanz, in einem Malzirkel an. Es kam mir damals vor, als bewegte sie sich sogar anders, als wäre eine Last von den Schultern genommen.

Die Maxime meiner Mutter, eine Frau müsse zu ihrem Mann aufschauen können, fand ich natürlich lächerlich. Andererseits hätte ich einen Mann, den ich für dümmer hielt als mich selbst, nie ernsthaft in Erwägung gezogen. Im Gegenteil, ich verliebte mich fast immer in Männer, die ich für klüger hielt als mich selbst. Eigentlich hatte ich den belächelten Satz meiner Mutter nur in meine eigenen Bedürfnisse transferiert, allerdings mit geringerem Erfolg. Meine Ehen hielten nicht, bis dass der Tod uns schied.

Herr Lanz schob die Fotos übereinander und steckte sie wieder in das Kuvert.

Wenn man damals gewusst hätte, wo man mal landet, hätte man vielleicht manches anders entschieden, sagte er, ein anderes Studium, einen anderen Beruf … eine andere Frau. Er schüttelte kurz den Kopf, als wollte er die letzten beiden Worte wieder löschen.

Ach, sagte ich, oft weiß man gar nicht so genau, was man will, oder das, was man über das eigene Wollen sagen würde, stimmt mit dem, was man insgeheim sucht, nicht überein. Man wünscht nur, eine Person zu sein, die das, was man selbst für erstrebenswert hält, auch will, und dann stellen wir fest, dass wir diese Person nicht sind, dass sich in uns ganz andere Sehnsüchte verstecken.

Herr Lanz hob die Weinflasche an und hielt sie gegen das Licht. Sie war leer. Wir bestellten noch zwei Gläser.

Sie meinen also, dass wir uns selbst erst kennenlernen, wenn es zu spät ist?

Ich meine, sagte ich, dass sich in uns vielleicht ein Lebensentwurf mit einem anderen streitet und dass der, für den wir uns entscheiden, uns zwar verlockender erscheint, aber unserem Temperament nicht entspricht. Ich weiß, wovon ich spreche. Ich habe zweimal geheiratet, ich wünschte mir wie die meisten Menschen einen verlässlichen Gefährten im Leben. Dabei war ich unfähig, mein Leben mit einem anderen Leben zu synchronisieren, ich war mehr als alles andere autonomiesüchtig. Das musste ich erst lernen.

Herr Lanz sah mich lange an, als suchte er in meinem Gesicht nach Zeichen meiner Autonomiesucht. Er wisse gar nicht, sagte er nach einer Weile, ob er wirklich einen Plan für sein Leben gehabt hätte. Eine Weile hätte er von einem künstlerischen Beruf geträumt, Theater, vielleicht auch Journalist, hätte es sich dann aber doch nicht zugetraut und sich darum für ein handfestes Studium wie Physik entschieden. Tatsache sei aber, dass nun in ihm etwas erwacht sei, dass schon vorher in ihm geschlummert haben musste.

Dieses Gefühl, sagte er, das Glück, das ich empfunden habe, als ich atemlos und erschöpft neben dem Hund am Feldrain saß …

Er wusste offenbar nicht, wie er den Satz beenden sollte, hob die Hände zu einer hilflosen Geste und ließ sie kraftlos wieder fallen.

Ich versuchte mir vorzustellen, wer Artur Lanz gewesen war, ehe ihn Hunderettung, Herzinfarkt und Scheidung in die Lebenskrise geworfen hatten, in der er nun steckte. Ein pflichtbewusster, gutaussehender, höflicher Mann mit ausreichendem Einkommen, verheiratet, zwei Kinder. Er hat geraucht, trank gern Wein, sonst keine auffälligen Leidenschaften. Wäre er mein Nachbar gewesen, hätte ich ihn sicher als angenehm empfunden.

In diesem Jahr hätten wir unsere Silberhochzeit feiern können, wir hatten schon eine Reise nach Lissabon geplant. Kennengelernt hätten sie sich noch während der Studienzeit, auf einer Geburtstagsparty bei Freunden.

Gleich nach seinem Examen haben sie geheiratet, zwei Jahre später kam das erste Kind, noch zwei

Jahre später das zweite. Kathrin, seine Frau, war Lehrerin, Englisch und Deutsch, auf einer halben Stelle.

Es war alles ganz normal, sagte er, absolut normal.

Wie er so dasaß, immer noch verwundert über das Nichts, in das er gefallen oder gesprungen war, erinnerte er mich an einen Nachbarn aus meinem vorigen Leben, als ich noch in Pankow wohnte und Pankow durch eine Mauer vom Wedding und dem ganzen Rest der Welt getrennt war. Damals wohnte über mir eine liebenswürdige Familie mit zwei Kindern. Herr Barthel arbeitete als Gesangslehrer an der Schauspielschule, seine Frau war Übersetzerin. Ab und zu trafen wir uns auf ein Glas Wein. Eines Abends standen beide vor meiner Tür, sie mit rotgeränderten Augen, er mit gesenktem Blick. Sie müssten dringend mit jemandem sprechen, flüsterte sie.

Nachdem ich Wein und Gläser auf den Tisch gestellt und Herr Barthel sich mit dem ersten Glas aus seiner Sprachlosigkeit befreit hatte, erfuhr ich, dass an der Schauspielschule wie auch an anderen Hochschulen und Universitäten eine Resolution unterschrieben werden sollte, in der sich die Unterzeichner mit den juristischen Maßnahmen der Regierung gegen antisozialistische Umtriebe einiger bekannter Künstler solidarisch erklärten, was Herr

Barthel aber vor seinem Gewissen nicht verantworten konnte.

Während ihr Mann immer wieder nur verzweifelt den Kopf schüttelte, wiederholte Frau Barthel alle paar Minuten denselben Satz: Friedhelm, denk an die Familie. Ich konnte ihnen nicht raten. Sie hatten beide recht. Man durfte so etwas eigentlich nicht unterschreiben. Eigentlich. Aber wenn er an seine Familie und sein sicheres Einkommen dachte, würde er unterschreiben müssen. Er hat unterschrieben und sich noch Jahre später, vielleicht für den Rest seines Lebens, dafür geschämt. Ich dachte an Eva und ihre Vorliebe für amerikanische Filme, in denen Männer aus Liebe zu ihrer Familie zu Helden wurden. Friedhelm Barthel musste, um seine Familie zu schützen, ein Feigling sein.

Aber jetzt, sagte Herr Lanz, der sich aus den Reminiszenzen an seine absolut normale und dann doch verunglückte Ehe wieder gelöst hatte, aber jetzt, sagte er mit überraschender Entschlossenheit in der Stimme, hätte er sich bei einem Selbstverteidigungstraining angemeldet. Er hätte darüber nachgedacht, wie er sich wohl verhalten würde, falls er erleben müsste, dass eine Frau oder überhaupt ein wehrloser Mensch angegriffen wird. Es sei ja sinnlos, die Polizei zu rufen, inzwischen könne ein Mensch zu Tode gekommen sein oder eine Frau längst vergewaltigt.

Man liest doch immer wieder in der Zeitung, sagte er, dass Menschen tatenlos zusehen, wie andere zusammengeschlagen werden, weil sie wehrlos sind, weil sie es mit solchen Typen gar nicht aufnehmen können. Ich will für so einen Fall in Zukunft gewappnet sein. Bisher habe ich jeden Mittwoch Tennis gespielt, jetzt gehe ich zum Krav Maga.

Was ist Krav Maga?

Eine israelische Kampfsportart, sogar für das Militär, aber auch für Zivilisten. Wehrhaftigkeit kann man nur bei den Israelis lernen. Ich habe mich über alle möglichen Methoden informiert, Taekwondo, Karate, Qwan Ki Do, Anti Terror Combat, Aikido, aber Krav Maga gefiel mir am besten.

Und dann wollen Sie wie Lancelot auf der Suche nach Aventures durch Berlin ziehen?

Er antwortete mit einem Lachen, das mich, wäre ich seine Mutter gewesen, beunruhigt hätte.

Seit dem letzten Wochenende galt wieder die Winterzeit, eigentlich die normale Mitteleuropäische Zeit, kurz MEZ, die mir aber, seit es die Sommerzeit gab, immer vorkam wie die falsche, willkürlich verordnete Zeit, die es nun schon am Nachmittag um fünf Uhr dunkel werden ließ. Mit jedem Jahr steigerte sich meine Abneigung, sogar Furcht vor der Dunkelheit und der bevorstehenden Kälte. Im Winter verließ ich nur noch ungern das Haus und musste mich überwinden, hier und da zu Veranstaltungen zu gehen oder Freunde zu besuchen, die ja meistens in ähnlichem Alter oder nur wenig jünger waren und die Wärme ihrer komfortablen Wohnungen wie ich der unwirtlichen Außenwelt vorzogen. Andererseits war es eine gute Zeit zum Arbeiten und Lesen. Ich befasste mich also weiter mit Helden und machte mir einige Notizen zu meinem Freund Artur, obwohl ich inzwischen doch bezweifelte, dass er Stoff für ein Stück Literatur hergeben könnte. Das Interessanteste an ihm, so schien mir, war eigentlich seine Mutter, die sich vergeblich bemüht hatte, ihrem Sohn entgegen dem aufstrebenden Zeitgeist die herkömmlichen männlichen Tugenden einzupflanzen. Aber aus Artur Lanz war ein gewöhnlicher, liebenswürdiger, zaghafter, an sich selbst leidender, widerstandsloser Mann geworden, der nun durch verschiedene, einander befördernde Umstände in ein krisenhaftes männliches Klimakterium geraten war, aus dem manche Männer sich zu retten versuchten, indem sie sich eine neue Frau im Alter ihrer Töchter suchten und Artur Lanz offenbar ein nachträgliches Heldenleben. Er würde ein paar Monate, vielleicht auch nur Wochen, israelische Wehrhaftigkeit trainieren und feststellen, dass weder sein Geist noch sein Körper solchen Anforderungen gewachsen waren. Wahrscheinlich würde er sich eine andere Frau suchen, eine, die er nicht weniger liebte als seinen Hund, und würde seine Heldenpläne darauf beschränken, sie vor Unheil zu bewahren und in der Not zu retten.

Aber immerhin bewog mich die Begegnung mit ihm, über die Frage nachzudenken, was mit den Männern unserer Hemisphäre geschehen war, dass man sie sich als Helden nicht einmal mehr vorstellen konnte, auch nicht vorstellen wollte, weil der Held an sich unter Verdacht geraten war. Ein Held müsste in der Not ein Gewalttäter sein, schlimmstenfalls ein Krieger, er müsste bereit sein zu töten und zu sterben. Wir leben aber in einer postheroischen Gesellschaft, hat Adam gesagt, der die Vorstellung, man könnte für etwas töten oder sterben, abhandengekommen war. Ich hatte die erste Hälfte meines Lebens in einer anderen Gesellschaft verbracht als Adam, Eva und Penelope Niemann. In meiner Gesellschaft hat es Helden gegeben, die zwar nicht töteten, es kam aber vor, dass sie starben oder für Jahre hinter Gefängnismauern verschwanden, die ihre Lebenspläne opferten, nur weil sie auf ihrem Recht bestanden, auszusprechen oder aufzuschreiben, was sie für wahr hielten. Sie waren keine Heroen wie Lancelot, der als freier Mann in die Welt gezogen war, um das Böse zu bekämpfen. Eigentlich waren sie eher Opfer als Helden, aber heldenhafte Opfer.

Ich arbeitete damals in einem Verlag, der sich vor allem Reiseberichten, Biographien und Klassikerausgaben widmete, so dass ich mich im Arbeitsalltag zu Heldenmut kaum herausgefordert fühlte. Ich hätte mich um der Freiheit willen aber nie auf dem Alexanderplatz angekettet, um mich anschließend in ein Gefängnis abführen zu lassen, empfand allerdings eine verständnislose Bewunderung für Menschen, die das taten, die ihrem Traum von der Freiheit ihre physische Freiheit opferten. Vor solchen

Entscheidungen haben Adam und die anderen nicht gestanden. Wer sich nicht bedroht fühlt, braucht keine Helden, das war klar, aber wie konnte es sein, dass sie in allen Zeiten vor uns gebraucht und geliebt wurden, dass sie in Märchen und Legenden ein ewiges Leben führten und ausgerechnet mit uns die heldenlose und heldenunbedürftige Zeit angebrochen sein sollte? Weil die deutsche Schuld jeden Gedanken an deutsche Helden für alle Zeiten verbot? Oder weil wir zu wenig Nachkommen hatten, die wir in keinem Fall opfern konnten, und darum sogar den Gedanken, auf Gewalt mit Gewalt zu antworten, gar nicht in Betracht zogen und uns vielleicht lieber erobern ließen, als für die Freiheit zu sterben? Ich hatte den Verdacht, dass das ganze Gerede vom Postheroismus eine Verschleierung unserer Feigheit war, dass postheroisch nur ein Synonym für feige war, wie das Wort Mut in dem Wort Zivilcourage untergegangen war. Feige oder mutig war man allein, postheroisch war das Schicksal unserer Zeit, das man mit allen teilte, wofür man nicht verantwortlich war. Und als Zivilcourage konnte schon gelten, wenn man mit Tausenden anderen auf die Straße ging, um etwas zu fordern, das geltendes Recht war und herrschende Politik und nichts weniger brauchte als Mut. Immerhin hatte sich Artur Lanz nicht für diesen billigen Mut entschieden, sondern rüstete sich mit diesem Krav Maga für seinen eines Tages vielleicht notwendigen individuellen Einsatz. Auch wenn ich von seiner Literaturwürdigkeit nicht mehr ganz überzeugt war, dachte ich doch oft an ihn. Ich suchte bei YouTube nach Krav Maga, weil ich wissen wollte, warum er sich unter den vielen Selbstverteidigungs- und Kampfsportarten ausgerechnet dafür entschieden hatte. Ich fand unzählige Filme, englische, deutsche, australische, israelische, und wunderte mich, dass ich bis dahin noch nie etwas von Krav Maga gehört hatte. Das Besondere an Krav Maga war, lernte ich, dass es keine Regeln gab außer einer: Du musst dein Leben verteidigen, egal wie. Man durfte überallhin treten und schlagen, in die Eier, auf die Augen, man musste auch nicht warten, bis der Gegner den ersten Schlag ausgeteilt hat, sondern es galt, ihn zu überrumpeln, sobald man sich bedroht fühlte. Eine ausgefeilte Technik der Selbstverteidigung, die, wie ein Film dokumentierte, in Israel ganze Familien lernten, um die befürchteten Messerangriffe abwehren zu können. Die Filme suggerierten, dass jeder, sogar ein zehnjähriges Kind, durch Krav Maga zu einer rücksichtslosen, sicheren Abwehrmaschine werden konnte. Ich konnte verstehen, dass Artur Lanz sich für die israelische Variante entschieden hatte. Nur war zu befürchten, dass er, sollte er seine kämpferischen Fähigkeiten eines Tages wirklich beweisen müssen, wegen unangemessener Gewaltanwendung vor Gericht landen würde. Jedenfalls wurde über derartige Fälle immer wieder in den Zeitungen berichtet. Erst vor einigen Tagen hatte ich gelesen, dass eine Frau sich verantworten musste, weil sie einem Mann, der ihr zwischen die Beine gegriffen hatte, mit ihrer impulsiven, als unverhältnismäßig befundenen Reaktion versehentlich die Nase gebrochen hat. Ich war sicher, dass ich, sollte ich angegriffen werden, ohne einen Gedanken an die Verhältnismäßigkeit mit allem und auf alles dreinschlagen würde, sofern es mir überhaupt noch möglich wäre.

Die Begegnung mit Artur Lanz, vor allem aber die Lektüre der Artuslegende veränderten meinen Blick auf Männer, der sich mit zunehmendem Alter ohnehin auf die Kategorien sympathisch oder unsympathisch, intelligent oder einfältig verengt hatte. Schon vor zwanzig Jahren, mit meiner letzten Scheidung, hatte ich die Zeit, in der die leibhaftige Erotik mein Leben geleitet und manchmal fehlgeleitet hatte, auch aus ästhetischen Bedenken endgültig beendet. Ich betrachtete Männer also erotisch interesselos und unverklärt, und immer öfter empfand ich besonders mit den erfolgreichen unter ihnen Mitleid, womit ich mich allerdings in erheblichem Widerspruch zum gerade wieder einmal tobenden Kampf der Geschlechter, genauer der Frauen gegen die Männer, befand. Die Männer meines Alters erschienen mir fast alle älter als die Frauen meines Alters, die ich kannte. Allerdings lebten sie, im Gegensatz zu den Frauen, fast nie allein. Wie Adam hatten sie oft jüngere Frauen, neben denen sie dann noch älter aussahen. Und sie kamen mir hilfloser vor, ich konnte mir gar nicht vorstellen, wie sie allein ihren Alltag hätten bewirtschaften sollen, kochen, waschen, Schuhe zum Schuster und Anzüge zur Reinigung bringen. Vor allem aber wirkten sie gedemütigter als die Frauen, vielen war der Gram um den Bedeutungsverlust, der mit der Pensionierung einherging, ins Gesicht geschrieben. Oder sie erzählten zu laut von früheren Begegnungen mit Berühmtheiten, die sie geduzt, oder von wichtigen Entscheidungen, deren Risiko sie mannhaft getragen hatten, wobei sie manchmal ihren Worten schmatzende Geräusche anhängten, als schmeckten sie träumerisch einer Delikatesse nach. Es waren Männer, die noch ein richtiges Männerleben hinter sich hatten. Sie haben Karrieren gemacht, Familien ernährt, sich von ihren Frauen den Rücken freihalten lassen, was sie ihnen in Dankesreden, wenn ihnen wieder einmal eine Ehrung zuteil geworden war, mit warmen Worten lohnten und versicherten, ohne sie, ihre Frau, niemals da zu stehen, wo sie nun standen. Und aus diesen gefeierten Leben stürzten sie ab in die Alterswelt, die nahe Greisenhaftigkeit mit Herzinfarkten und Prostatakrebs, wo man im Fall eines tödlichen Unfalls in der Zeitung nur noch als namenloser Rentner oder mit dem jähen Todesalter erwähnt wurde: Rentner in Charlottenburg überfahren, oder: Der Achtundsiebzigjährige verstarb noch am Unfallort; wenn es nicht mehr darauf ankam, ob man in seinem Leben Professor, Dachdecker, Chefarzt oder Paketzusteller war.

Frauen schienen diese Hürde leichter zu nehmen. Es gab in meiner Generation nicht viele Frauen, die ähnliche Fallhöhen zu bewältigen hatten, und vermutlich lagen hinter ihnen schwerere Kämpfe als hinter den Männern, so dass sie vielleicht froh waren, wenn es endlich vorbei war. Außerdem vollzog sich ihr Abschied von der öffentlichen Bedeutung in Etappen. Wenn sie ihren Nachfolgern die Hände schütteln und Erfolg wünschen mussten, lag eine andere, nicht weniger herbe Verlusterfahrung schon fünfzehn oder zwanzig Jahre hinter ihnen, als sie nämlich in den Augen der Männer den Status erotischer Gleichwertigkeit verloren hatten. Ich fragte mich, ob in zwanzig oder vierzig Jahren, wenn viele Frauen auf ähnliche Karrieren zurückblicken könnten wie die Männer, sie für junge Männer ebenso verheißungsvolle Liebesobjekte sein würden wie reiche oder berühmte Männer für junge Frauen. Aber vielleicht würde das sogar an den Frauen scheitern, die auch dann noch wie meine Mutter einen Mann suchten, zu dem sie aufschauen könnten, oder wie ich einen Mann, der klüger war als ich selbst.

Noch mehr Mitleid als mit den alten Männern hatte ich aber mit ihren Söhnen, mit Männern im Alter von Artur Lanz, in dem sich viel von dem neuen männlichen Unglück zu vereinen schien, was ihn doch wieder in die Nähe der Literatureignung rückte. Denn vor den Augen und hinter dem Rücken ihrer Väter wurde das Leben der Männer, um es mit einem dem Vorgang entsprechenden Begriff der Postmoderne zu beschreiben, dekonstruiert. Alles, was bis gestern an ihnen als rühmenswert galt, Kraft, Mut, Entschlossenheit, war im Laufe der Jahre unter den Verdacht geraten, für das Böse in der Welt verantwortlich zu sein. Dabei waren es eigentlich die von Männern erfundenen Waschmaschinen, elektrischen Heizungen, Fahrstühle, Rolltreppen und alle möglichen anderen lebenserleichternden Geräte, die den Frauen plötzlich erlaubten, auf die männliche Kraft zu pfeifen und sie als Gefahr für den Fortbestand der Menschheit zu verdächtigen. Vermutlich wurde auch die künstliche Befruchtung vorwiegend von Männern erfunden, was sogar für die Fortpflanzung eine persönliche Kontaktaufnahme zu einem Mann überflüssig machte. In den Jahrzehnten dieser weiblichen Selbstüberhöhung wuchs Artur Lanz zum Mann heran. Wie mag es ihm ergangen sein zwischen der Heldensehnsucht seiner Mutter und der Ermunterung seiner Lehrerinnen, mit Puppen zu spielen und wie ein Mädchen zu weinen, statt wie ein Junge die Tränen tapfer zu schlucken, als wäre es tatsächlich ein Beweis für Empfindsamkeit, bei jeder Gelegenheit loszuheulen. Ich nahm an, dass es an meiner anderen, östlichen Herkunft lag, warum ich dem Geschlechterkampf nur eine zweitrangige Bedeutung beimaß, jedenfalls im westlichen Europa. Für uns im Osten galt als oberster Feind der diktatorische Staat, unter dem Männer und Frauen gleichermaßen litten, und es war gleichgültig, ob er uns in seinen männlichen Repräsentanten oder ihren weiblichen Helfershelfern gegenübertrat. Als ich zum ersten Mal von westdeutschen Frauenbuchhandlungen hörte, die Männer nicht einmal in weiblicher Begleitung betreten durften, schüttelte mich ein Lachen, so dass der Wein, den ich gerade schlucken wollte, an beiden Mundwinkeln wieder rauslief und mir meine neue, rosenholzfarbene Bluse versaute. Bei uns im Osten war das zwischen den Männern und Frauen anders, zumal die Frauen, wie meine Mutter gesagt hätte, alle ihr eigenes Geld verdienten und sich in ihrem privaten Leben männlicher Unterdrückung jederzeit entziehen konnten, wenn nicht die Liebe sie daran hinderte. Aber in der Liebe gibt es keine Gerechtigkeit.

Leider hatte Artur Lanz mir kein Foto von seiner Frau gezeigt. Tüchtig sei sie, hat er gesagt. Mit dem Wort tüchtig assoziierte ich klein, zäh, Kurzhaarfrisur, energisch. Vielleicht dachte ich das auch nur, weil ich wusste, dass sie Lehrerin war. Jedenfalls hat er sie am Ende weniger geliebt als den Hund. Das musste nichts heißen, wahrscheinlich kam das häufiger vor und konnte sogar ohne eine Scheidung ausgehen. Aber Artur Lanz hatte sich geschieden.

Ich schrieb ihm eine Nachricht:

Lieber Herr Lanz,

hätten Sie vielleicht Lust, am nächsten Wochenende mit mir einen Spaziergang durch den Volkspark zu unternehmen? Und könnten Sie vielleicht ein Foto von Ihrer Frau mitbringen? Ich entschuldige mich für meine indiskrete Bitte und würde mich freuen, wenn Sie Zeit für mich hätten.

Mit herzlichen Grüßen

Ihre Charlotte Winter

Einmal im Monat trafen Lady und ich uns in der »Marlene«, einer kleinen Cocktailbar in einer der Seitenstraßen zwischen Tauentzien und Ku'damm, wo man noch rauchen durfte. Lady und ich kannten uns seit der Studienzeit, und damals erwarb sie sich auch den Namen Lady, weil sie uns Mädchen, sobald wir mehr als eine waren, selbst so nannte. Hey, Ladys, bestellen wir noch eine Runde? Los, Ladys, wir gehen noch in die »Schildkröte«, eine kleine Kneipe neben der Universität. Manchmal auch nur: Guten Morgen, Ladys, gut geschlafen? Nichts an Ladys äußerer Erscheinung war ladylike, sie war groß und kräftig wie ein Mann, es fiel ihr schwer, leise zu sprechen, ihre Kleidung, meistens Hosen und weite Pullover oder Blusen, dienten der Verhüllung vor allem ihres großen Busens, der Ladys wenig weiblicher Attitüde strotzend widersprach. Nur ihr Gesicht – der weiche Mund, die schmale Nase, hohe Brauen über den aufmerksamen grauen Augen und eine helle, fast leuchtende Haut – verriet etwas von der Zartheit, die sich unter der burschikosen Erscheinung verbarg. Es lag nicht nur, aber auch an Ladys irreführender Fassade, dass ihre Liebesgeschichten fast alle als Missverständnis begannen und im Unglück endeten. Drei oder vier Jahre nach dem Studium lernte sie auf dem Weihnachtsmarkt einen Kugelstoßer kennen, ein Zweimetermann, wortkarg, aber umgänglich, neben dem Lady klein und fast zart wirkte. Sie heirateten im Mai. Lady trug ein dunkelblaues Seidenkleid mit kleinen weißen Punkten und sah so hübsch aus wie noch nie. Die Ehe hielt zwei Jahre. Ladys Witz und Intelligenz hätten wahrscheinlich für sie beide gereicht, für den Kugelstoßer verlor beides aber bald seinen Reiz, er verliebte sich in eine Schwimmerin.

Die Jahrzehnte, die zwischen dieser und ähnlichen Geschichten lagen, hatten die tragischen Ereignisse zu Anekdoten schrumpfen lassen, über die wir längst mit einem kurzen Phantomschmerz in der Herzgegend lachen konnten, wenn wir uns, was eher selten vorkam, in Erinnerungen an unsere Jugend verloren. Meistens sprachen wir über Alltägliches, Bücher, die wir gelesen, oder Filme, die wir gesehen hatten, neuerdings auch über das Suchtpotenzial von Netflix-Serien, über unsere Freunde, meine Tochter, die aber schon vor zwanzig Jahren einen amerikanischen Germanistikprofessor geheiratet hatte und mit ihm nach Champaign, Illinois gezogen war, und natürlich sprachen wir über Ladys Hund, den sie standesgemäß Lord getauft hatte. In der letzten Zeit allerdings erregten auch wir uns vorwiegend über die weltumstürzenden Ereignisse auf allen Kontinenten, deren Folgen unabsehbar waren und die uns, obwohl wir die Konsequenzen vermutlich gar nicht mehr erleben würden, in depressive Zustände versetzten wie vor dreißig oder vierzig Jahren unsere zerbrochenen Lieben.

Die Besitzerin der Bar hieß wirklich Marlene, weil ihre schwangere Mutter die große Dietrich in ihrem Berliner Konzert erlebt und danach beschlossen hatte, sie im Vornamen ihrer Tochter zu verewigen. Marlene, wie immer ganz in Schwarz gekleidet, begrüßte uns mit Handschlag, führte uns zu dem kleinen Tisch in der Ecke neben der Fensterfront, der für Stammgäste reserviert war, und fragte: wie üblich?, was bedeutete zwei White Ladys zum Auftakt.

Und was macht dein Held, fragte Lady, nachdem sie den ersten tiefen Zug aus ihrer Zigarette genommen hatte.

Er rüstet sich zum Kampf.

Wie? Sucht er Waffen im Darknet?

Er lernt Krav Maga.

Nachdem ich erklärt hatte, was es damit auf sich

hat, griff Lady kopfschüttelnd nach ihrem Glas. Und nun setzt er sich in die U-Bahn und wartet darauf, dass er sich prügeln darf? Sie hätte mein Interesse an diesem spätpubertierenden Kerl von Anfang an nicht verstanden.

Aber du musst zugeben, dass er ein typisches Exemplar des zeitgenössischen Mannes ist, verteidigte ich mich.

Lady hatte schlechte Laune und wollte an diesem Tag gar nichts zugeben. Das hätte mit Männern nichts zu tun, behauptete sie, wenn schon, sei mein Artur ein typisches Exemplar des zeitgenössischen Menschen, allerdings nur, wenn man die Bezeichnung zeitgenössischer Mensch auf die westeuropäische Spezies beschränke, was allerdings idiotisch sei. Außerdem seien es die Frauen gewesen, die von den Männern verlangt hätten, mit ihnen zusammen Schwangerschaftsgymnastik zu treiben, am besten noch die Babys zu stillen, im Sitzen zu pinkeln und auch sonst nicht so zu tun, als seien sie anders als Frauen. Sie befürchte, dass manche Männer nur schwul geworden seien, weil sie sich nur noch bei Männern wie Männer fühlen durften.

Aber dann stimmt doch, was ich sage. Artur Lanz ist ein typisches Exemplar, dabei ist er nicht einmal schwul geworden. Worüber streiten wir eigentlich?

Lady lachte. Weiß ich auch nicht. Ich glaube bloß nicht, dass jemand, der fünfzig Jahre als Weichei gelebt hat, nun plötzlich zum Helden mutiert.

Es reicht doch, dass er den Wunsch hat, sagte ich. Weißt du noch, wie wir vor fünfzig Jahren davon geträumt haben, uns als alte Frauen zu verkleiden und uns Falten ins Gesicht zu schminken, um dann, durch unsere Hinfälligkeit geschützt, anarchistische Heldentaten zu vollbringen? Was hatten wir eigentlich vor?

Ich glaube, wir wollten einen Botschafter entführen und die Öffnung der Mauer fordern. Und überhaupt ein bisschen randalieren.

Siehst du, wir haben auch nur davon geträumt, Helden zu sein.

Da waren wir aber jung, außerdem wahrscheinlich betrunken, sagte Lady und winkte dem Kellner.

Lady bestellte Whisky Sour, ich eine Margarita.

Wir schwiegen und hingen wahrscheinlich beide dem gleichen Gedanken nach.

Würde dir heute noch was einfallen, fragte Lady.

Nein. Es ist eben ein Unterschied, alt zu spielen oder alt zu sein. Obwohl es gerade umgekehrt sein müsste. Weil man im Alter nur noch wenig zu verlieren hat, könnte man doch viel riskieren.

Ich habe doch nicht gefragt, ob du dich trauen

würdest, sondern ob dir etwas einfällt. Uns fällt nichts ein, weil wir so alt sind. Wir sind zu alt, um nicht zu fragen, ob wir mit dem, was wir tun, nicht das Gegenteil von dem erreichen, was wir wollen. Und darum zerfällt jeder Einfall schon, bevor er überhaupt gedacht werden kann. Revolutionäre sind immer jung, sagte Lady, wobei nicht klar war, ob sie bedauerte oder erleichtert war, dass revolutionäre Leidenschaft von uns nicht mehr erwartet werden konnte.

Aus einer hinteren Kammer meines Gedächtnisses stieg leise eine Frage auf, die mich verfolgte, seit ich sie das erste Mal gelesen hatte, und das war schon in meiner Jugend: »Muss der Handelnde schuldig werden, immer und immer? Oder, wenn er nicht schuldig werden will, untergehen?« Seit Wochen beschäftigte ich mich mit Helden aus grauen Vorzeiten und mit dem Unheldischen unserer Tage und hatte nicht an den Mann gedacht, der für mich schon vor Jahrzehnten hinter das Wort Held für immer ein Fragezeichen gesetzt hatte; Ernst Toller, der ein Held sein wollte und auch ein Held war. Mit neunzehn Jahren zog er als Freiwilliger in den Ersten Weltkrieg und kam als Pazifist zurück und wusste, was nun zu tun war. Er, der sich zum Dichter berufen fühlte, wollte mit Leidenschaft, Liebe und mit der Kunst für eine neue Menschlichkeit kämpfen, eine gewaltfreie Revolution sollte die Menschen verbrüdern und Gerechtigkeit einziehen lassen. Mit Erich Mühsam und Gustav Landauer gehörte er zu den Führern der Münchner Räterepublik. Der Redner Toller, dessen expressionistisches Pathos uns heute anachronistisch anmutet, entflammte seine Zuhörer, Frauen brachen in Tränen aus. Aber der Traum von der versöhnten Gesellschaft versank zuerst im Chaos und dann im Blut. Ernst Toller wurde zu fünf Jahren Festungshaft verurteilt, und erst da, der Wahl zwischen revolutionärem Aktionismus und der Dichtung beraubt und ganz auf sich selbst geworfen, war er erfolgreich. Dass mich Tollers Schicksal so erschüttert hatte, lag auch an meiner jugendlichen Sehnsucht nach einer Tat, einer wirklichen, folgenreichen Tat, die immer in so kindischen Phantasien endete wie der Entführung eines Botschafters, um die Öffnung der Mauer zu erzwingen. Entscheidender aber waren wohl die verirrten Biographien von Menschen, die nur zehn oder zwanzig Jahre älter waren als ich und von der Verlockung, etwas Großes zu tun, gleich zweimal Verbrechern nachgelaufen waren. Mein Onkel Herbert, ein sanftmütiger Mann, den ich sehr liebte, war ein begeisterter Hitlerjunge und später über seine Verführbarkeit so entsetzt, dass er ein glühender Kommunist wurde, der die

Schande seiner Kindheit wiedergutmachen wollte. Wenn ich ihm erzählte, was ich in der Schule gehört hatte, dass jemand verhaftet worden war, weil er einen politischen Witz erzählt oder Stalin als Diktator bezeichnet hatte, sagte er, da stecke sicher mehr dahinter, es liefen noch viele Nazis umher. Später gab er zu, dass natürlich auch Fehler gemacht würden. Den Satz »wo gehobelt wird, da fallen Späne« habe ich ihm nicht verziehen. Ich habe dann vermieden, mit ihm über Politik zu sprechen, weil ich ihn gern hatte. 1968, als die sowjetische Armee in Prag einmarschierte, bekam er einen Herzinfarkt, von dem er sich nicht mehr erholte. Er starb im Jahr darauf. Und es gab die anderen, die Widerstandskämpfer, die die Konzentrationslager oder die Emigration überlebt hatten, Helden, denen man den Respekt, sogar Bewunderung nicht versagen konnte und die nun eine neue Ordnung und einen neuen Menschen ausriefen und neue Texte zu alten Melodien sangen, ihre Gegner in Gefängnisse warfen und die Jugend mit Fackeln in den Händen durch die Straßen marschieren ließen, als wären sie und ihre alten Feinde alle aus dem gleichen Ei gekrochen. In diese Verwirrung fiel die Tollersche Frage wie ein Samenkorn und schlug in mir Wurzeln. So muss es gewesen sein.

Muss der Handelnde schuldig werden, immer und immer?, sagte ich vor mich hin.

Lady sah mich verständnislos an, schüttelte den Kopf. Wo bist du denn inzwischen?, fragte sie.

Oder, wenn er nicht schuldig werden will, untergehen, sagte ich. Das gilt doch immer, im Großen wie im Kleinen. Schon wer bereit ist, sich bis zum Äußersten selbst zu verteidigen, nimmt Schuld in Kauf. Er könnte den anderen ja versehentlich zum Krüppel oder sogar totschlagen. Und eine Gesellschaft, die von sich behauptet, postheroisch zu sein, will eben untergehen.

Dann sei das eben so, sagte Lady, na und, vielleicht sei das ja die höhere Einsicht in den Gang der Welt, alle Menschen stürben nun einmal, und alle Kulturen gingen irgendwann unter. Wozu also ein langer Todeskampf?

Toller hat sich am Ende auch umgebracht, sagte ich, am Gürtel seines Bademantels, im Hotel Mayflower in New York. Der Gürtel soll grün gewesen sein.

Der Gedanke an den Weltuntergang weckte Lady endlich aus ihrer misslaunigen Lethargie. Früher hätten die Menschen sich ja ständig vor Kometen gefürchtet, dabei sei die Vorstellung, alle Menschen würden gleichzeitig sterben, doch absolut tröstlich. Niemand stirbt einsam und verlassen, alle, Mütter,

Väter, Schwestern, Brüder, Fremde und Freunde, liegen sich in den Armen und nehmen Abschied. Niemand muss um seine Liebsten trauern, es ist einfach vorbei, für alle. Warum das schlimmer sein soll als der normale Tod, habe ich nie verstanden. Und Heldenmut ist in dem Fall auch überflüssig, sagte Lady, man darf nur nicht überleben.

Wir überlegten, warum die Angst vor Kometen so aus der Mode gekommen war. Lady meinte, weil alle glaubten, wer auf den Mond fliegen kann, könne auch Kometen vor dem Aufprall atomisieren oder auf eine andere Bahn lenken. Außerdem gäbe es inzwischen auch genug Ersatzkatastophen, vor denen man sich fürchten kann, Klimakatastrophen, Atomkatastrophen, Überbevölkerungskatastrophen, auf jeden Fall Katastrophen, die wir selbst angerichtet haben, ist doch logisch, wenn niemand mehr an Gott glaubt, fehlt so einer Kometenkatastrophe ja auch jeder erzieherische Nutzen. Früher konnte man noch sagen, haltet euch an die zehn Gebote, sonst schmeißt der liebe Gott mit Steinen, das glaubt aber keiner mehr. Darum braucht man einen neuen Gott, jetzt heißt er gerade Klima, damit klappt es wieder, sagte Lady und griff nach ihren Zigaretten.

Aber die zehn Gebote reichen nicht mehr, sagte ich.

Wir begannen, alle aktuellen Ge- und Verbote aufzuzählen, die uns einfielen, und kamen mühelos auf neunzehn.

Lord muss auch weg, sagte ich, alle Haustiere, stand in der Zeitung.

Warum nur Haustiere? Alle Tiere.

Und Menschen.

Natürlich Menschen, Atmen erzeugt CO_2.

Klar, sagte Lady, und wenn alles weg ist, kann es wieder von vorn anfangen, irgendwelche Fische kommen an Land und lernen laufen und atmen, andere lernen fliegen, Zweibeiner entwickeln sich, jagen und sammeln, malen Bilder in Höhlen und erfinden sich einen Gott, an den sie glauben.

Warum schimpfen alle auf die Alten, wir gehen doch mit gutem Beispiel voran und sind bald weg.

Weil wir zu lange atmen, sagte Lady, liegen nur noch im Bett und atmen und erzeugen CO_2.

Marlene unterbrach unsere fröhlichen Untergangsphantasien und brachte uns ein Schälchen mit Oliven. Wenn das so weitergeht, kann ich den Laden dichtmachen, seufzte sie und wies mit einer fahrigen Geste auf den fast leeren Barraum, in dem am anderen Ende des Tresens nur zwei Männer saßen. Entweder haben die Menschen keinen Durst mehr oder kein Geld.

Die Raucher sterben aus, sagte ich.

Die rauchen inzwischen anderes Zeug, sagte Lady, die Süchtigen sterben nicht aus, die wechseln nur die Droge.

Ja, die Zeiten ändern sich, sagte Marlene, verschwand wieder hinter der Bar und stellte die Musik lauter, um die Leere auszufüllen.

Wir tranken noch einen dritten Cocktail, diesmal beide einen Margarita.

Und was denkst du nun über Helden, fragte ich.

Lady schüttelte den Kopf. Weiß ich nicht, darüber muss ich noch nachdenken, es gibt zu viel verschiedene Sorten von denen.

Offenbar war sie nicht gewillt, ihren Scharfsinn in den Dienst meines – in ihren Augen wahrscheinlich spleenigen – Interesses zu stellen. Stattdessen erzählte sie von einer Beerdigung, auf der die dritte und letzte Ehefrau der ersten, die, obwohl man sie wohl ausdrücklich ausgeladen hatte, trotzdem mit einem auffälligen Blumengebinde erschienen war, auf der also die dritte der ersten Ehefrau sogar mit körperlichem Einsatz den Zutritt zur Kapelle verwehrt hatte, was angesichts des Alters aller Beteiligten für heimliche und dem Anlass unangemessene Heiterkeit gesorgt hätte.

Weiber, sagte ich, und Lady nickte.

Wir unterschieden seit jeher zwischen Frauen und Weibern. Wenigstens darin waren wir uns an diesem Abend einig. Ich brachte Lady noch zum Taxi, wir umarmten uns zum Abschied und versprachen, in den nächsten Tagen miteinander zu telefonieren.

Wir hatten uns für den Sonnabend verabredet. Er freue sich auf ein Wiedersehen, hatte Artur Lanz geschrieben, und ob mir der Vormittag recht sei, um zwölf Uhr am Ententeich. Es war ein für den November ungewöhnlich warmer Tag, für den Mittag waren fünfzehn Grad angesagt. Ein blauer, nur von zarten Wolken verschleierter Himmel spannte sich über der Stadt. Ich war eine Viertelstunde zu früh im Park, setzte mich auf eine sonnige Bank und rauchte eine Zigarette. Unten auf der Wiese, um die ein höhergelegener Rundweg führte, spielten Hunde, liebevoll von ihren Besitzern beobachtet. Paare mit Kindern liefen an mir vorbei, manche Männer hatten sich die Säuglinge vor die Brust geschnallt und sahen von weitem aus, als wären sie schwanger. Jogger umkurvten mit stierem Blick und ohne abzubremsen die Spaziergänger. Eigentlich mied ich den Park an Wochenenden und hatte nur mit Rücksicht auf Artur Lanz, der einer geregelten Arbeit nachging, diesen Termin vorgeschlagen. An Wochenenden glich der Park einer Laufbahn für Jogger. Kaum wollte man einem ausweichen, der von vorn auf einen zugelaufen kam, lief man einem anderen, der von hinten kam, vor die Füße. Keine Verständigung durch Blicke, und wenn, dann nur ein entnervtes Blitzen aus dem Augenwinkel für meine bloße Existenz, keine Entschuldigung, schon gar kein Lächeln, kein Blick auf die herbstliche Farbenpracht, stattdessen auf das Messgerät an ihrem Handgelenk, um den Kalorienverbrauch zu prüfen. Ich hasste Jogger. Für mich waren sie das Sinnbild des unkommunikativen, asozialen, rücksichtslosen, selbstbeschränkten und selbstoptimierenden Zukunftsmenschen, Vorfahren des hybriden Maschinenmenschen.

Ich spazierte langsam zum Ententeich, wo Artur Lanz schon auf einer Bank saß und sein Gesicht mit geschlossenen Augen in die Sonne hielt. Als ich ihn ansprach, sprang er auf, als hätte ich ihn aus einem Traum aufgeschreckt. Ich schlug vor, den Weg über die Wiese zu nehmen, den die meisten Jogger wegen der vielen Hunde mieden. Und dann fiel uns beiden nichts Besseres ein, als fast gleichzeitig und mit denselben Worten das Wetter zu loben. Was für ein wundervoller Tag, sagte ich, Herr Lanz sagte: So ein wunderschöner Tag heute, und ich dachte, dass ich eigentlich nichts über Artur Lanz wusste, was nicht mit seinem Hund, seiner Frau und seiner Mutter zu tun hatte. Wir hatten noch nie über Bücher außer der Artuslegende gesprochen oder über Musik, ich wusste nicht, wofür er sich überhaupt im Leben interessierte, ob er gern in Ausstellungen ging oder wanderte, ob er gern reiste, und wenn ja, wohin. Ich wusste so wenig über ihn, dass ich ein Gespräch nur mit einer Bemerkung über das Wetter eröffnen konnte, wenn ich nicht gleich mit der Tür ins Haus fallen und ihn nach dem Foto seiner Frau fragen wollte. Als wir an den Hunden vorbeikamen, blieb er stehen und sah den herumtollenden Tieren mit einem erinnerungsseligen Lächeln zu. So ähnlich sah mein Hund aus, sagte er und zeigte auf einen schwarzen Mischling, der gerade einer gescheckten französischen Bulldogge nachsetzte. Mir fiel auf, dass seine linke Hand bandagiert war. Artur Lanz winkte ab. Ein kleiner Krav-Maga-Unfall, schon beim zweiten Training, nichts Schlimmes, nur gezerrt. Aber vielleicht sei das doch eine Schnapsidee gewesen, da trainierten ganz andere Kerle als er, er hätte sich ziemlich alt gefühlt zwischen den Jungs mit ihren Tattoos auf den muskelbepackten Armen. Er hätte sich jetzt im Internet ein kräftiges Pfefferspray bestellt, für den Fall der Fälle.

Ich hatte Ihnen ein, zwei Monate gegeben, sagte ich.

Und was denken Sie jetzt?

Das weiß ich noch nicht. Entweder geben Sie schon beim kleinsten Misserfolg auf, oder Sie akzeptieren Ihre Grenzen und scheuen sich nicht, falsche Entscheidungen schnell zu korrigieren. Aber ich habe ohnehin bezweifelt, dass Sie beim Krav Maga finden werden, was Sie suchen. Schließlich wollen Sie ja nicht Türsteher oder Personenschützer werden.

Was ich suche, weiß ich selbst nicht genau, jedenfalls wüsste ich kein Wort dafür.

Sie haben mir von dem Glück erzählt, das Sie empfunden haben, als Sie erschöpft neben Ihrem geretteten Hund am Feldrain gesessen haben. Das wollten Sie wiederfinden, haben Sie gesagt.

Klar, Glück, sagte er, nach Glück sucht doch jeder, es war aber ein besonderes Glück, eins, das nur aus mir selbst kam. Ich glaube, etwas Ähnliches habe ich nur gefühlt, als ich so verliebt war, dass ich mir ganz überirdisch vorkam und die ganze Welt vor Glück umarmen wollte. Das habe ich aber nur einmal erlebt.

Und das war nicht Ihre Frau?

Nein, sagte er, mit ihr war es anders, auch schön, aber anders. Als es passierte, war ich schon lange verheiratet. Sie war Praktikantin in unserem Institut. Sie hieß Jolanta und stammte aus Lodz. Anfangs freute ich mich nur an jedem Tag, sie zu sehen, ihre Bewegungen, wie sie sich kleidete, wie sie ihre Kaffeetasse hielt, wie sie mich ansah. Dabei sah sie mich nicht anders an als alle anderen, aber in ihrem Blick lag so etwas Aufforderndes: komm, sprich mit mir, lach mit mir. Jedenfalls hat er auf mich so gewirkt. Dass ich mich in sie verliebt hatte, merkte ich, als sie eine Woche nicht zur Arbeit kam, weil sie krank war. Die Tage waren mir verdorben. Als sie wiederkam, war ich so glücklich, dass ich sie umarmte, ein bisschen länger, als es unter Kollegen angemessen gewesen wäre. Später haben wir über diesen Augenblick manchmal gesprochen. Jolanta sagte, es war, als hätte uns jemand in Feuer getaucht, um uns zu verschmelzen, so heiß sei es plötzlich gewesen. Ich kam mir vor wie ein anderer Mensch, vielleicht war ich ja auch ein anderer Mensch. Die Straßen, Häuser, Menschen schienen in ein anderes Licht getaucht, alles war über Nacht schöner und liebenswerter geworden. Wir beide, Jola und ich, verfielen in einen glückseligen Rausch, für den es im wirklichen Leben keine Erklärung gab. Es konnte nur eine göttliche Fügung sein oder ein vorbestimmtes Schicksal. Vielleicht kennen Sie ja solche Zustände. Jola wohnte mit einer anderen Polin in einer kleinen Wohnung im Wedding. Unsere Nächte waren wie verzweifelte Versuche, endgültig und für immer eins zu werden. Ich kann mich bis heute genau erinnern, wie es sich anfühlte, wenn unsere Körper sich ineinanderfügten, als wären wir beide ein großes vierbeiniges und vierarmiges Tier. Ich habe nie so viel gelogen wie in dieser Zeit. Ich erfand Dienstreisen, Fortbildungskurse, Sitzungen, berufliche Erfolge, um meine euphorischen Stimmungen zu begründen, ich simulierte irgendwelche Krankheiten, um meine schlechte Laune zu vertuschen. Die Wochenenden waren eine Qual. Ich täuschte Kopfschmerzen vor, um spazieren zu gehen und sie unterwegs anzurufen, und sie verließ an den Wochenenden kaum die Wohnung, weil sie auf meinen Anruf wartete, sie hatte kein Handy.

Und Ihre Frau hat nichts gemerkt?, unterbrach ich ihn.

Doch, natürlich hat sie etwas gemerkt, aber sie wollte mir glauben, oder besser, sie wollte es nicht wissen. Solange es nicht ausgesprochen wurde, war ja nichts passiert. War vielleicht auch klug so. Wenn man lange verheiratet ist, verliebt man sich schon mal. Aber mit Jola war es nicht nur das. Es war das Einzigartige, das mir eben nur einmal im Leben passiert ist.

Er blieb stehen, zog aus seiner Jackettasche eine Zigarettenschachtel, er rauchte also wieder. Er bot mir eine Zigarette an, wir suchten nach einer leeren Bank und saßen eine Weile schweigend nebeneinander. Zweimal setzte er an, seine Erzählung fortzusetzen, brach aber nach den ersten Worten wieder ab. Offenbar fiel es ihm auch nach zehn oder zwanzig Jahren schwer zu erklären, warum die Liebe seines Lebens nur eine Episode geblieben war.

Und dann?, fragte ich.

Ja, und dann, sagte er, dann musste ich mich entscheiden, Jolas Praktikum ging zu Ende. Ich lief herum wie im Fieber, Jola weinte, sie war katholisch und litt schon unter ihrem Wunsch, ich möge mich aus Liebe zu ihr scheiden lassen. Und ich stellte mir vor, wie ich vor den Augen meiner Frau und meiner Kinder meine Koffer packen und das Haus verlassen würde, wie ich ihnen überhaupt erklären sollte, dass unser gemeinsames Leben hiermit beendet war. Es war ja nicht so, dass ich meine Frau nicht mehr mochte, auf eine gewisse Art auch liebte, damals jedenfalls. Und die Kinder, sie waren kurz vor der Pubertät. Dazu kam, dass ich im Fall einer Scheidung auf Jahre völlig verarmt gewesen wäre. Meine Frau hatte nur eine halbe Stelle, und dann noch das Geld für die Kinder. Jola hatte auch nichts, ich wusste nicht einmal, wovon wir hätten leben sollen. Trotzdem …

Was trotzdem, fragte ich.

Vielleicht hätte ich trotzdem anders entscheiden sollen, sagte Artur Lanz.

Man kann eben nicht zweier Damen Ritter sein, sagte ich.

So traurig, sogar tragisch die Geschichte für Artur Lanz war, enthielt sie für mich auch Tröstliches. Wer weiß, wie viele Männer, von denen man glaubte, sie hätten ihre Geliebte nur schnöde verlassen, ihr Leben lang diesen Verrat an ihrer Liebe betrauerten und nur nicht wussten, wie sie ihr ehrenhaft hätten treu bleiben können. Es war ja nicht nur die Angst vor einer von Geldnot geplagten Zukunft, der Artur Lanz seine einzigartige Liebe geopfert hatte, sondern es waren die Stimmen einer ererbten Ritterlichkeit, die ihn zurückriefen, als er in Gedanken schon seine Koffer packte. Und vielleicht hat Jola diesen Verlust leichter verwunden und ein glücklicheres Leben geführt als er. Sie hat nicht gewollt, dass er sie am Bahnhof verabschiedet, und hat ihm auch keine Adresse hinterlassen. Er hat ihr noch ein paarmal geschrieben an die Adresse, die in den Unterlagen des Instituts vermerkt war, aber die Briefe kamen alle zurück mit dem Stempel: adresat nieznany,

Adressat unbekannt verzogen. Für Wochen versank er in schweigsamer Schwermut. Sein Herz, das bis dahin still und unbemerkt in ihm sein Werk verrichtet hatte, spürte er nun hin und wieder in wildem Aufruhr gegen seine Rippen schlagen. Er ging zum Arzt, der ihm nervöse Beschwerden bescheinigte und sportliche Betätigung empfahl. Damals begann er, Tennis zu spielen. Allmählich fand er in sein altes Leben zurück, und weil der Verzicht und das Leid nicht umsonst gewesen sein durften, wollte er nun alles tun, um der Ehemann und Vater zu sein, der das Opfer wert war. Er umwarb seine Frau, widmete sich den Kindern, organisierte Theaterbesuche und Reisen, er lernte sogar zu kochen. Seine Frau wertete die auffällige Veränderung ihres Mannes als Beweis für sein schlechtes Gewissen und nahm sie als Sühne für die Demütigung, die sie eben doch empfunden, wenn auch nicht bekannt hatte, zufrieden hin.

Und seitdem, sagte Artur Lanz, seitdem war es nie wieder wie vorher. Manchmal hatte ich das Gefühl, dass sie mich verachtet, ich wusste nur nicht, ob wegen meiner Untreue oder weil ich nicht den Mut hatte, sie zu verlassen. Plötzlich neigte sie dazu, mich zu verspotten, auch vor den Kindern, weil ich beim Einkauf die Butter vergessen hatte oder mir ein Teller aus der Hand gefallen war oder weil ich ein englisches Wort falsch ausgesprochen hatte, wegen solcher Kleinigkeiten. Sogar wenn ich ihr Blumen mitbrachte, fragte sie nur, ob ich ein schlechtes Gewissen hätte. Ich glaube, sie fühlte sich als Siegerin. Sie dachte sowieso oft in den Kategorien Sieger und Verlierer, vielleicht lag das am Beruf. Ein Lehrer muss seine Schüler in gewisser Weise ja ständig besiegen.

Ich fragte, ob er ein Foto von seiner Frau mitgebracht hat, um das ich gebeten hatte. Aus der Tasche seines Jacketts zog er das sorgfältig in Papier eingeschlagene Foto. Das war vor drei oder vier Jahren, sagte er. Sie sah anders aus, als ich sie mir vorgestellt hatte, keine Kurzhaarfrisur, sondern lockiges, braunes Haar bis zum Kinn, hohe, sorgfältig gezupfte Augenbrauen, aufmerksame Augen, eine hübsche Frau von Mitte vierzig. Nur der scharf konturierte Mund verriet etwas von einer Resolutheit, die, wenn es darauf ankam, keinen Widerspruch duldete; und die eine Kränkung vielleicht auch schwer vergeben konnte. Wenn sie geahnt hat, wie oft ihr Mann sie belogen hat und wie nah er daran war, sie und die Kinder zu verlassen, wird es in ihr mehr zerstört haben als das Vertrauen in die Treue ihres Mannes. Sie wird sich die Tage, Stunden und Minuten ins Gedächtnis gerufen haben, in denen er vor ihr gestanden und in ihr eine Gegnerin gesehen hat, die er täuschen und betrügen musste, die ihm nur im Wege war. Sie wird sich vorgestellt haben, wie er mit einer anderen Frau das trieb, was sie für das einzigartige, geheime Bündnis nur zwischen ihm und ihr gehalten hatte. Und vielleicht stimmte sogar, was Artur Lanz für möglich hielt, dass sie ihn verachtete, weil er sie nicht verlassen hatte.

Denn sie, wäre ihr eine Liebe begegnet wie ihm in Jolanta, sie wäre gegangen, sagte er. Aber es sei eben etwas anderes, ob ein Mann eine Frau und die Kinder verlässt oder eine Frau mit den Kindern den Mann.

Es konnte aber auch sein, dass er sich die Verachtung seiner Frau nur eingebildet hat, dass er in ihren Augen die Verachtung vermutete, die er für sich selbst empfand, weil nur er unter allen guten Gründen, Jola zu opfern, auch die schlechten kannte, die Angst vor einem aus den Angeln gehobenen Leben und die Zweifel, ob diese Liebe von Bestand sein würde. Aber so oder so: seinen Schuldgefühlen oder seiner Selbstverachtung wäre er nicht entkommen, und seine Vermutung, es sei in den Augen der Menschen eben ein Unterschied, ob ein Mann seine Frau und die Kinder verlässt oder eine Frau mit den Kindern ihren Mann, entsprach meinen Erfahrungen. Ja, ich hatte Mitleid mit diesen entmachteten Söhnen der Patriarchen. Die machtsichernden Titel ihrer Väter hatten sie verloren. Sie waren nicht mehr die Familienoberhäupter und Alleinernährer, denen letzte Worte und Entscheidungen vorbehalten blieben und bei denen es nur an ihrem Charakter lag, ob sie streng oder nachgiebig waren, herrschsüchtig oder liebevoll, großzügig oder geizig. Auch der Satz »meine Frau muss nicht arbeiten gehen« hatte längst seine stolze Aussagekraft verloren, zumal gerade die Männer, deren Stolz er einmal untermauert hatte, oft nicht einmal mehr genug verdienten, um ihren Rang als Alleinernährer zu behaupten. Übrig geblieben von der alten Geschlechterordnung war nur der Anspruch an die Moral der Männer, an ihre Verzichtsbereitschaft, wenn eine Ehe scheiterte, ehe der Tod sie geschieden hätte. Dann wurde eine Ritterlichkeit eingeklagt, die im alltäglichen Miteinander der Geschlechter längst verloren war. Ich hatte einen Freund, der, anders als Artur Lanz, seiner Liebe gefolgt war und dem bis zum Studienabschluss seiner Kinder wenig mehr als das Existenzminimum geblieben war, so dass es seiner zweiten Frau überlassen blieb, für ihren und ihrer beider Kind Wohlstand zu sorgen. Ob es an Artur Lanz' Stärke oder Schwäche lag, an seiner Ritterlichkeit oder Feigheit, dass er sich anders entschieden hatte, konnte ich nicht beurteilen. Zu seinen Gunsten wollte ich an sein Verantwortungsgefühl glauben, zumal es nicht nur um die Entscheidung gegen die eine oder die andere Frau gegangen war, sondern auch um die beiden Kinder. Als er sich entschloss, den nahezu aussichtslosen und für ihn selbst riskanten Kampf gegen das Rapsfeld um das Leben seines Hundes aufzunehmen, musste niemand geopfert werden, es ging nur um ihn und den Hund, um Liebe und die Unmöglichkeit, die Liebe nicht zu retten.

Auf meine Frage, was er jetzt am meisten liebe, sagte er, seine Kinder natürlich, aber die seien inzwischen erwachsen und weit weg; und nach einigem Überlegen, leise, es klang eher wie eine Frage: Freiheit … obwohl er so recht noch gar nicht wisse, was er mit dieser Freiheit anfangen solle.

Freiheit ohne Mut ist nicht viel wert, sagte ich.

Artur Lanz blieb stehen und sah mich erstaunt an. Ist das von Ihnen?

Nein, habe ich irgendwo gelesen, es könnte aber von mir sein.

Und wie sieht das bei Ihnen aus mit dem Mut und der Freiheit, fragte er, wohl herausgefordert durch meinen kategorischen, wenn auch entliehenen Aphorismus.

Im Osten haben wir uns solche Fragen fast jeden Tag gestellt. Sagen wir es so: Ich war mutig genug, um nicht an meiner Feigheit zu leiden. Bis zu gewissen Graden schafft Mut sogar ein Gefühl von Freiheit, auch wenn es eine Illusion ist.

Zum Glück fragte er nicht, was ich denn am meisten liebte. Früher hätte ich sicher gesagt, die Literatur, die Sprache oder etwas ähnlich unverfänglich Hochtrabendes, außer meiner Tochter natürlich. Aber das stimmte nicht mehr, falls es überhaupt je gestimmt hat. Am meisten liebte ich vielleicht den Himmel, den mächtigen, geheimnisvollen, tausendfach schönen Himmel, unter dem alles und jedes auf seine tröstliche Bedeutungslosigkeit schrumpfte. Es war wohl eine Altersliebe. Endzeit.

Inzwischen waren wir bei den drei Platanen, meinen Lieblingsbäumen im Park, angekommen. Sie waren bestimmt über hundert Jahre alt, so alt wie der Park. Ihre wuchtigen Äste ragten wie ausgestreckte Arme in die Landschaft, und mit ihren hoch aufragenden Kronen wirkten sie auf mich wie riesige, uralte baumgewordene Menschen. Jemand hatte in der furchigen Rinde des größten Baums ein Gesicht erkannt und mit zwei Augen und einer roten Nase vervollkommnet. Es hätte auch ein Hundegesicht mit zwei Schlappohren sein können.

Erkennen Sie auch das Hundegesicht?

Artur Lanz kniff die Augen leicht zusammen und suchte in der Rinde nach dem Hund. Mit Mühe, sagte er.

Ich fragte, ob er sich nicht wieder einen Hund anschaffen wolle.

Daran habe er schon gedacht, aber der wäre den ganzen Tag allein und das sei eine Qual für den Hund. Dann doch lieber eine Frau, sagte er und lachte. Eine, die ich mehr liebe als einen Hund.

Ein paar Wolken waren aufgezogen, durch die nur noch ab und zu die Sonnenstrahlen drangen. Ich fror ein bisschen, und Artur Lanz, der mit dem Auto gekommen war, bot an, mich nach Hause zu fahren. Unterwegs schlug ich vor, dass wir einander doch beim Vornamen nennen könnten. Ihm das Du anzubieten, kam mir übertrieben vor.

Lady hatte recht, es gab zu viele Sorten von Helden, um ein eindeutiges Bekenntnis für oder gegen sie abzulegen. Für Terroristen waren Selbstmordattentäter, die möglichst viele Menschen in Stücke rissen, schließlich auch verehrungswürdige Helden, während wir eher die »Helden des Alltags« feierten, Helfer in Suppenküchen oder in der Altenpflege, auch Feuerwehrleuten ließ sich Heldentum schlecht absprechen, wenn sie auch der Verdacht von Männertümelei umgab. Aber schon die Polizei galt in einer Gesellschaft wie unserer, die jegliche Gewalt beargwöhnte, als eine Institution, die vor allem unser Misstrauen verdiente. Jedenfalls konnte man diesen Eindruck gewinnen, wenn man Zeitungsberichte oder Gerichtsurteile verfolgte. Dabei dürften sich eigentlich nur unter ihnen, unter Polizisten und Soldaten, die legitimen Nachfolger von Artus und seinen Rittern finden lassen, seit der Staat das Gewaltmonopol beanspruchte. Je länger ich darüber nachdachte, wie der fünzigjährige Artur Lanz seine Sehnsucht, ein heldenhaftes Leben zu führen, noch erfüllen könnte, umso sinnloser wurde das Wort Held, das mich immer wieder auf falsche Pfade führte. Sogar Artur, wie ich ihn inzwischen ja nannte, hatte schnell herausgefunden, dass seine Entscheidung für Krav Maga einem aufbegehrenden Reflex entsprungen war, dem Körper und Geist aber nicht folgen konnten. Immerhin konnte er den Verlust seiner Ehe und die ungewohnte Einsamkeit auch als Gewinn von Freiheit empfinden, eine Freiheit, die er so tastend und zögerlich erkundete, wie er das Wort ausgesprochen hatte, als ich ihn fragte, was er jetzt am meisten liebe.

Ich stellte mir vor, wie mein Freund Artur am Abend in seiner Zweizimmerwohnung, in die er nach seiner Scheidung gezogen war, vor seinem Computer saß und, falls er nicht lieber ein Fußballspiel oder irgendeinen Film sah, das Internet nach Artus und Lancelot durchforschte, dem Erbe, das seine Mutter ihm schon mit der Namensgebung hinterlassen hatte, sich den Geschichten um Liebe, Macht und Zauberei hingab auf der Suche nach einem zufälligen Hinweis, der für sein eigenes Leben von Bedeutung sein könnte. Wahrscheinlich interessierte ihn dabei weniger Artus, Herr über das Schwert Excalibur, König und Herr des Round Table auf Camelot. Er soll um das Jahr 500 gelebt haben, als die Römer sich aus Britannien zurückzogen und das Land dem Chaos und einander bekämpfenden Kleinkönigen überließen. In dieser Zeit soll dieser Mann, der erst 600 Jahre später mit dem Namen Artus in den Schriften auftaucht, die besten Krieger des Landes um sich versammelt haben, um die eindringenden Angeln und Pikten zu bekämpfen und Frieden und Recht durchzusetzen, was für eine gewisse Zeit auch gelang. Das segensreiche Wirken des Königs und seiner Gefolgschaft ließ die Erzählungen um ihre Heldentaten blühen, so dass aus vierzig von einem Ritter erschlagenen Feinden bald vierhundert wurden und eine Heldentat die andere übertraf, wobei nicht selten geheimnisvolle Wesen aus einer anderen Welt, zu denen auch der Zauberer Merlin gehörte, in diesen Kämpfen mitmischten. Als sicher galt aber, dass erst in den mittelalterlichen Epen Artus und seine Tafelrunde mit dem Glanz der Ritterlichkeit und Hohen Minne veredelt wurden. Herausgekommen war ein hybrides Heldenbild, dem viele Generationen ihre eigenen Sehnsüchte hinzugedichtet hatten. Nicht nur Artur Lanz, auch ich fand in diesen Geschichten, wenn man von den unzähligen abgeschlagenen Köpfen und durchbohrten Herzen absah, durchaus Erstrebenswertes, auch wenn es das in der Wirklichkeit so wahrscheinlich nie gegeben hat. Artur Lanz würde sich am ehesten in Lancelots Liebe zu Ginevra finden. Oder eben auch nicht. Denn Lancelot hat sich seiner Liebe ergeben, entgegen der Ritterehre und der Treuepflicht gegenüber seinem König, dessen Frau er liebte. Und obwohl die Gewissensnot und die Gefahr für die beiden ungleich größer war als der Konflikt, dem Artur Lanz sich unterworfen hatte, obwohl nicht nur ihr eigenes Leben, sondern das Wohl des ganzen Reiches von ihrem Geheimnis abhing, nahmen sie die Liebe als ihr Schicksal oder eine Gottesgabe an. Artur Lanz hatte mir erzählt, Jolanta und er seien in einen glückseligen Rausch verfallen, für den es im wirklichen Leben keine Erklärung gab, also auch eine Gottesgabe oder ein Schicksal, dem er ausgewichen war.

Das Reich von Artus ging nicht an der verbotenen Liebe zugrunde, obwohl ihre Offenbarung der Anlass war. Artus hatte das Erröten seiner Frau und Lancelots begehrende Blicke wohl gesehen, aber nicht deuten wollen. Und zur Ehre der Liebenden muss gesagt werden, dass Ginevras Liebe für beide Männer reichte und Lancelot dem König der treueste Ritter war. Erst als der niederträchtige und machtgierige Mordred Lancelot und die Königin verriet, musste der König handeln, und hätte Lancelot sie nicht gerettet, wäre Ginevra, wie es das Gesetz verlangte, auf dem Scheiterhaufen gelandet. So kam es zum Krieg zwischen Artus und Lancelot. Aber auch der hätte noch nicht in den Untergang führen müssen, wäre nicht Gawans gewaltiges Rachegelüst gewesen. In einem wilden Gemetzel während seiner Flucht, aus dem Lancelot sich nur mit blindwütigen Hieben nach links und rechts retten konnte, hatte er, ohne es zu wissen, zwei junge Brüder des Gawan erschlagen und dessen Freundschaft damit in tödliche Feindschaft verwandelt. Artus hätte Ginevra gern verziehen und seinen Freund Lancelot wieder an seinen Hof geholt, aber sein Vetter und Vertrauter Gawan trieb ihn in den Kampf, in dem die besten Ritter des Landes, die sich nun gegenseitig bekämpften, starben, in dessen Folge Artus von Modred tödlich verletzt wurde und auf die geheimnisvolle Insel Avalon entschwand. Lange, so wird berichtet, erhofften die Menschen seine Rückkehr, so wie die Deutschen auf die Auferstehung von König Barbarossa warteten. Lancelot lebte bis zu seinem Ende büßend in einer Einsiedelei, Ginevra in einem Kloster. Sie sollen am gleichen Tag gestorben sein.

Verrat, Machtgier, Rachsucht und ein mörderisches Gesetz haben die Tafelrunde von König Artus vernichtet, nicht die Liebe.

So jedenfalls war die eine Lesart der Geschichte. Und es war jenseits der reinen Kriegsführung wenig, was mir darin widerstrebte, denn außer dem Verräter Mordred hatte jeder der Beteiligten verpflichtende, sogar ehrenhafte Gründe für seine Entscheidung, auch wenn damit jeder von ihnen zum Verhängnis beitrug. Lancelot musste Ginevra retten, die seinetwegen verbrannt werden sollte. Artus musste als König das Gesetz befolgen, auch wenn es den Verlust der geliebten Frau bedeutete. Gawan, der nicht glaubte, dass Lancelot seine Brüder unwillentlich erschlagen hatte, sah sich in der Pflicht, sie zu rächen. Erst als Lancelot Gawan im Zweikampf besiegte, aber nicht tötete, erkannte der seinen Irrtum, den er noch auf dem Sterbebett in einem Brief an Lancelot bekannte.

Ich würde Artur fragen, wie er die Geschichte gelesen hat. Auf jeden Fall würde er für das Heldentum der Artuslegende eine Übersetzung finden müssen, die seinen physischen Möglichkeiten und dem missverständlichen Begriff des Heldentums angemessen war. Er würde sich auf weniger dramatisch klingende Begriffe zurückziehen müssen, auf so ein kleines Wort wie Mut, das allerdings in einer Gesellschaft, zu deren nennenswerten Tugenden der Mut nicht gehörte und wo als mutig schon jemand geadelt wurde, der nur nicht besonders feige war, seinen Wert fast verloren hatte. Mut und Ritterlichkeit. Ritterlich war ein schönes Wort, das für mich seit meiner Kindheit einen verlockenden Klang hatte. Ritterliche Menschen waren mutig, stark und großherzig. Sie halfen den Schwachen und verachteten sie nicht. Ein ritterlicher Mensch zu werden erschien mir erstrebenswert. Dass Ritterlichkeit Jungen und Männern vorbehalten sein sollte, kam mir schon damals nicht in den Sinn. Im Gegenteil, in den Märchen waren meine Vorbilder die tapferen Ritter und Prinzen, nicht die liebreizenden Prinzessinnen. Und ein paar Jahre später zog es mich eher zu den verträumten jungen Männern hin, die Proust und Joyce gelesen hatten oder Rimbaud rezitierten und von denen physische Rettungstaten nicht zu erwarten gewesen wären. Ich fand es auch vollkommen normal, dass ich es war, die mit dem wütenden Einsatz eines Regenschirms meinen Freund davor bewahrte, von der Faust eines kampfbereiten Kerls, der unser Taxi kapern wollte, niedergestreckt zu werden. Vielleicht hätte ich mich damals in einen Jungen wie Artur Lanz sogar verlieben können. Es war nicht so, dass mir die anderen, die sportlichen, starken, entschlossenen und schutzversprechenden Männer, nicht gefallen hätten. Inzwischen glaubte ich, dass ich mich vor ihnen einfach gefürchtet habe. Und später, als ich sie nicht mehr fürchtete, habe ich sie wohl aus Einsicht gemieden. Vielleicht war das ein Fehler, vielleicht. Jetzt, da mein Blick auf die Männer von meiner persönlichen Lebensführung entkoppelt war, ich also nicht mehr befürchten musste, einem stärkeren Willen zu unterliegen oder zum Opfer meiner eigenen Liebe zu werden, jetzt war ich fast erleichtert, wenn mir unter Handwerkern oder Taxifahrern noch männliche Exemplare begegneten, an denen die jahrzehntelange Umerziehung zu empfindsameren, leiseren, feineren, eben weiblicheren Menschenwesen kaum Spuren hinterlassen hatte, die wahrscheinlich keinen Gedanken darauf verwendeten, ob sie das Recht hatten zu sein, wie sie nun einmal waren. Sie gefielen mir nicht einmal besonders, aber es beruhigte mich, dass es sie noch gab.

Im vergangenen Jahr war ich zufällig Zeugin einer Demonstration von Frauen geworden, die gegen die zunehmende Unsicherheit der Frauen auf den deutschen Straßen demonstrieren wollten. Schon in den Tagen davor waren, wie in den letzten Jahren üblich, heftige Proteste gegen den Protest angekündigt worden, weil die Gewalt gegen die Frauen häufig von eingewanderten Männern ausging und der Protest darum als rassistisch verdächtigt wurde. Über das Internet verbreitete sich daraufhin die Nachricht, dass Biker aus verschiedenen Teilen des Landes nach Berlin kommen würden, um die demonstrierenden Frauen vor den Gegenprotestlern zu beschützen. Ich lief auf dem Bürgersteig neben dem Demonstrationszug her und sah drei nicht mehr junge Männer in Lederjacken und mit verknoteten Tüchern um den Hals, die meiner Vorstellung von Bikern entsprachen. Ob sie zu den Bikern gehörten, fragte ich. Sie musterten mich misstrauisch und antworteten erst, als ich beteuerte, ihren Einsatz sehr zu schätzen. Sie wollten hier ein bisschen aufpassen, sagte einer von ihnen ernst und ließ seinen Blick dabei über die Menschenmenge wandern. Dann gingen sie weiter. Ich wusste nichts über diese Männer, ich wusste wenig über die Bikerszene, hin und wieder war zu lesen, dass sie einen Hang zur Kriminalität hätte. Aber diese vom männlichen Urinstinkt getriebene Aktion gefiel mir. Und wie man hörte, wurde ihr Beistand an diesem Tag noch gebraucht. Eine der Frauen schrieb später, dass sie auf dem Heimweg von wütenden Gegendemonstranten verfolgt wurde, als plötzlich aus dem Dunkel wie ein Ritter aus dem Märchen ein großer Mann aufgetaucht sei und ihre Verfolger in die Flucht geschlagen habe. Der Mann sei ein Biker gewesen.

Ausgerechnet die tätowierten Bikerhorden als letzte Verfechter der Ritterlichkeit? Wenigstens sie selbst schienen sich so zu sehen, wie sonst hätten sie auf die Idee kommen können, nach Berlin zu fahren, um Frauen zu retten.

Ich war nicht sicher, ob mein veränderter Blick auf die Männer wirklich nur an meinem Alter und dem Verlust jeglicher erotischen Beziehung zu ihnen lag oder ob sich die Männer in den letzten Jahrzehnten so verändert hatten, dass ich sie auch früher schon ähnlich gesehen hätte wie heute. Ehrgeizige junge Männer, die sich ihr Brusthaar in türkischen Bädern mit heißen Wachsstreifen ausreißen ließen und sich in Fitnessstudios Muskeln antrainierten, die sie nur zum Vorzeigen brauchten, die gehorsam das generische Maskulinum vermieden und stattdessen Gendersternchen verteilten, denen man ihre Wildheit schon in der Kindheit mit Ritalin ausgetrieben oder in liebevollen Gesprächen verleidet hatte, die vielleicht selbst schon glaubten, für das Böse in der Welt seien nur die Männer verantwortlich gewesen, als hätten nicht auch die Frauen kreischend und glückstrunken Hitler zugejubelt; verunsicherte Männer eben wie Artur Lanz, dessen verschüttete Sehnsucht nach einer selbstlosen, heldenhaften Tat ein Hund freigegraben hatte.

Ich hätte gern mit einem Mann darüber gesprochen, aber außer Adam fiel mir keiner ein, dem ich eine distanzierte Sicht auf diese Mutation des Mannes zutraute, zumal ich kaum Männer der jüngeren Generation kannte, seit meine Tochter in Amerika lebte. Adams ausschweifende und gelehrte Erklärungen erstickten oft meine aufzuckenden Ideen, ehe sie zu Gedanken werden konnten, so dass ich nach einem Gespräch mit ihm zwar oft wusste, was ich alles nicht wusste, ohne dabei aber einer Antwort auf meine Frage nähergekommen zu sein. Trotzdem rief ich ihn an und fand ihn ungewöhnlich gut gelaunt, fast übermütig. Mein Anruf komme zur rechten Zeit, sagte er, er überlege gerade, mit wem er den heutigen Abend verbringen wolle. Eva sei mit Freundinnen zu einer Ayurvedakur in Indien, und ob ich Lust hätte, mit ihm bei Gianni einen Fisch oder das vorzügliche Ossobuco zu essen und ein Glas Wein zu trinken. Dann würde er gleich einen Tisch bestellen. Wir verabredeten uns um zwanzig Uhr.

Als ich kam, war Adam noch nicht da. Obwohl ich es mir immer wieder vornahm, schaffte ich es einfach nicht, unpünktlich zu sein. Ich rauchte noch eine Zigarette vor der Tür. Adam kam nach fünf Minuten, entschuldigte sich überschwänglich, er habe so lange in der Warteschleife vom Taxiruf gehangen.

Er wirkte lebhafter als sonst, sogar sein Gang erschien mir elastischer, was ich mir nur durch Evas Abwesenheit erklären konnte. Eigentlich kamen mir verheiratete Menschen einzeln immer verjüngt oder interessanter vor, vielleicht nur, weil sie die Gesichter ihrer ewigen Begleiter nicht sehen mussten, die ihre Geschichten und humorigen Aperçus zum zwanzigsten oder dreißigsten Mal mit duldsamem Lächeln anhörten. Zu ihrem fünfzigsten Geburtstag hatte Lady die Idee, von den Paaren jeweils nur einen Teil einzuladen, wobei sie darauf achtete, dass das Gleichgewicht der Geschlechter gewahrt blieb. Das sei ein Experiment, teilte sie mit, das bei Erfolg zu ihrem sechzigsten Geburtstag für die jetzt ausgeladene Hälfte wiederholt würde. Einige Paare kamen daraufhin gar nicht, die meisten fanden die Idee wenigstens originell. Es war die ungewöhnlichste Party, an die ich mich erinnern konnte, als hätten sich alle Anwesenden für diesen einen Abend der Illusion hingegeben, sie seien noch einmal jung und alle Entscheidungen lägen noch vor ihnen. Das Experiment wurde trotzdem nicht wiederholt. Zu ihrem sechzigsten Geburtstag war Lady verschwunden und behauptete danach, sie sei allein in Dublin gewesen und hätte in einem irischen Pub mit lauter fremden Iren einen standesgemäßen Geburtstag gefeiert, wobei unerklärt blieb, was standesgemäß in diesem Fall zu bedeuten hatte.

Was hältst du von Austern und einem Glas Champagner?, fragte Adam.

Gibt es etwas zu feiern?

Nur das Ende eines wunderbaren Tages. Er habe den ganzen Tag mit zweckfreier Lektüre verbracht, bunt durcheinander, Gedichte von Gottfried Benn, Goethes »Wahlverwandtschaften«, Heines »Rabbi von Bacharach«, ein Tag in bester Gesellschaft also. Und nun du als krönender Abschluss, sagte Adam und gab mit einer kleinen Bewegung aus dem Handgelenk dem Kellner ein Zeichen. Die besten Austern seines Lebens habe er einmal in Vancouver gegessen, erzählte er, wo er anlässlich eines Germanistenkongresses gewesen sei. Von dem Kongress wisse er nicht mehr viel, aber die Austern seien ihm unvergesslich geblieben.

Später kam Gianni an unseren Tisch, begrüßte Adam mit Handschlag und zählte die kulinarischen Empfehlungen des Abends auf. Wir entschieden uns beide für den Steinbutt, dazu einen Sauvignon.

Wie weit bist du denn mit deiner Heldenforschung, fragte Adam.

Nicht so weit, sagte ich. Eigentlich sei ich nur durch Zufall auf dieses Thema gestoßen und wunderte mich nun selbst, dass es mich so faszinierte. Vor allem aber sei ich von meiner eigenen Heldensehnsucht überrascht, die ich bisher nur als einen ausgeprägten Widerwillen gegen Feigheit bezeichnet hätte, aber zugeben müsse, dass es mehr sei. Ich weiß gar nicht, sagte ich, ob ich wirklich leibhaftige Helden vermisse oder vor allem die Achtung vor Heldenmut, vor der ungewöhnlichen, opferbereiten Tat aus Liebe zu etwas oder jemandem, und sei es zu einem Hund. Wahrscheinlich geht es den meisten Menschen so. Die Helden sind vielleicht ausgestorben, aber nicht die Sehnsucht nach ihnen.

Was ist aus dem Wort Held geworden, wenn man einen Pizzaservice »Lieferheld« nennt?

Adam presste ein paar Tropfen Zitronensaft auf eine Auster, wischte sich an der Serviette sorgfältig die Fingerspitzen ab und prostete mir mit dem Champagner zu.

Die Sehnsucht nach Helden, meine Liebe, wird nie aussterben, sagte er, denn der Held dient vor allem der Veredelung des Selbstbildnisses. Der Held ist ein Mensch, kein Gott, er ist nichts anderes als der, der ihn verehrt, nur ein bisschen mutiger, ein bisschen besser. Vielleicht aber nicht einmal das, vielleicht bildet sich sein Verehrer sogar ein, dass er, unterzöge man ihn einer gleichen Prüfung, genau so unerschrocken handeln würde. Auf jeden Fall identifiziert er sich mit seinem Idol und hat so Anteil an seinem Heldentum. So wie jeder Fußballfan mit seiner Mannschaft sich von Fall zu Fall als Sieger oder Verlierer fühlt, leidet oder siegt der Heldenverehrer mit seinem Helden. In jedem Fall wird ein Verehrer …

Ich nutzte Adams Griff zur nächsten Auster, um ihn an einer weiteren Variation seiner These zu hindern.

Aber wenn es keine Helden mehr gibt, sagte ich, was verehrt der Verehrer dann?

Adam ließ sich Zeit für seine Auster.

Ja, was verehren die Leute heutzutage? Heldenersatz, Schauspieler, die Helden spielen. Die Begeisterung erwachsener Menschen für Fantasyfilme mit irdischen und außerirdischen Helden ist symptomatisch und lässt doch Schlüsse auf ihren degenerierten Bewusstseinszustand zu.

Mich reizte die Herablassung, mit der Adam über »die Leute« sprach, als sei der Gedanke, dass auch unser eigener Bewusstseinszustand, wenn auch auf andere Art, degeneriert sein könnte, vollkommen abwegig.

Ich sehe keine Fantasyfilme, sagte ich, und verehre auch Schauspieler nicht als Helden, höchstens als Künstler. Und trotzdem habe ich offenbar eine ganz gewöhnliche Sehnsucht nach Helden.

Das ist vollkommen normal, sagte Adam, Heldenverehrung sei ein gesunder Instinkt des Menschen, gegen den sich nichts Stichhaltiges einwenden ließe, hat Chamberlain gesagt, glaube ich. Natürlich nur, wenn man seinen Instinkten vertraut.

Vielleicht trauen die Menschen nur dem Gerede über die postheroische Zeit nicht und ahnen, dass sie so schnell vergehen könnte, wie sie erfunden wurde. Und inzwischen halten sie wenigstens die Erinnerung an alte Heldengeschichten wach, sagte ich und, obwohl ich mir die Antwort denken konnte, wollte ich Adam gerade noch nach seinen Helden fragen, als Gianni mit einem feierlichen Lächeln den Steinbutt servierte.

Buon appetito, Professore, Signora.

Unter Goethe und Kant würde er es sicher nicht machen, dachte ich und verzichtete zugunsten des Steinbutts auf meine Frage. Nach einer Weile, in der wir uns schweigend Giannis Kochkünsten hingegeben hatten, sagte Adam: In gewisser Weise hast du natürlich recht, da eine postheroische Gesellschaft es nicht nur mit sich selbst zu tun hat. Vor allem darf sie keine Feinde haben, aber ob du einen Feind hast, entscheidest nicht du, sondern dein Feind.

Und wenn dieser Feind heroisch ist?

Natürlich ist er heroisch, weil er mehr zu gewinnen als zu verlieren hat. Sieh dir die Welt an: Armut, Überbevölkerung, Gewalt. Postheroismus muss man sich leisten können. Die Not gebiert Helden, nicht der Wohlstand.

Adam sprach leidenschaftslos über zukünftige hybride Kriege, die auch Europa nicht verschonen würden, über Zivilisationsbrüche, die wir hinter uns und mit großer Wahrscheinlichkeit auch vor uns hätten, über ein Wirtschaftssystem, das in elementarem Widerspruch zu den menschlichen Bedürfnissen stehe, eigentlich entwarf er alle Untergangsszenarien, über die man auch in den Zeitungen hin und wieder lesen konnte, ohne sich dabei zu erregen oder sich in hilflosen Zynismus zu flüchten wie Lady und ich. Er sprach so leise, dass ich zuweilen Mühe hatte, ihn zu verstehen. Adam behauptete, das liege an seinem Hörgerät, das ihm die eigene Stimme zu laut übertrage. Ich glaubte mich aber zu erinnern, dass er schon immer so aufreizend leise gesprochen und damit sein Publikum zu höchster Aufmerksamkeit gezwungen hat. Oder es war meine eigene nachlassende Hörfähigkeit, die mir gerade Mühe bereitete.

Du sprichst über die Hölle wie mit Engelszungen und regst dich dabei nicht einmal auf, sagte ich.

Adam lachte und schob sich das nächste Stück Steinbutt in den Mund.

Was würde das ändern? Ich bin Wissenschaftler, kein Politiker. Ich kann nur analysieren, was ich sehe, und hoffen, dass ich Unrecht habe.

Adam wäre wahrscheinlich auch in einer heroischen Zeit kein anderer Mann gewesen, sondern immer nur ein Zuschauer, dessen einzige Leidenschaft die Erkenntnis war. Ich bewunderte ihn für diese Fähigkeit zur Distanz, aber sie war mir nicht sympathisch, vielleicht aber nur, weil sie mir selbst nicht gegeben war. Eigentlich hatte ich mit Adam ja über die Mutation der Männer und nicht über die ganze vertrackte Weltlage reden wollen. Ich erzählte ihm also von meiner Bekanntschaft mit Artur Lanz und der zufälligen Erweckung des Helden in ihm, der seit Kindheitstagen in seiner Seele geschlummert haben musste, aber bis zum fünfzigsten Lebensjahr nicht erwacht war, und der nun nach einer lohnenden Tat suchte, was bisher aber nur zur Scheidung seiner Ehe geführt hatte.

Das sei doch schon ein beachtlicher Schritt, sagte Adam. Er kenne diesen Mann zwar nicht, aber auch er sei einmal fünfzig gewesen und habe vor der Frage gestanden, ob er eine lieblos gewordene Ehe bis ans Lebensende fortführen wolle oder nicht. Den Ausgang kennst du, sagte er. Aber zum Helden macht einen diese Entscheidung natürlich nicht. Ich sage ja: die Not gebiert Helden, nicht das Wohlleben.

Aber was ist los mit den Männern, wenn sie mit fünfzig noch so infantil im Leben rumstochern?

Die Männer sind entmachtet, sagte Adam.

Entmachtet oder entmannt?

Das müssen die Frauen entscheiden und auch, was sie mit diesen entmannten Männern dann anfangen wollen. Aber entmachtet sind die Männer auf jeden Fall, sie haben sich nur noch nicht daran gewöhnt, manche haben es noch gar nicht verstanden, und andere, die es verstanden haben, dienen sich den Frauen schon als Vorreiter der Machtübernahme an.

Und du, zu welchen davon gehörst du?

Ich gehöre zum Feindbild. Professor, eine zwanzig Jahre jüngere Frau, Gegner der Gendersprache, nicht schwul, bi, queer oder sonstiges, also stockkonservativ. Ich bin gerade noch so durchgekommen. Dein Artur aber gehört wohl zu denen, die nicht genau wissen, wie ihnen geschieht. Warum treibt dich diese Zufallsbekanntschaft so um?

Der Kellner brachte noch einmal die Karte mit der Frage nach dem Dessert. Adam bestellte Zitronensorbet mit Champagner, ich entschied mich für einen Schnaps.

Warum mich Artur Lanz umtreibt? Ja, warum? Wenn man erst einmal anfängt, sich für etwas zu interessieren, ist alles interessant. Dann kann ich nicht aufhören, ehe ich eine halbwegs plausible Antwort gefunden habe. Zuerst dachte ich, er könnte eine Geschichte hergeben, dann fand ich ihn eher sehr durchschnittlich, und dann fragte ich mich, ob nicht gerade das Durchschnittliche an ihm das Interessante sein könnte, und ich wollte wissen: was ist los mit dem Kerl, was ist los mit den Männern?

Adam nickte beifällig, offenbar war er zufrieden mit meiner Antwort.

Dann gebe ich dir die Frage einmal zurück: Was ist los mit den Frauen?

Darüber hätte ich natürlich auch schon nachgedacht, sagte ich, und Frauen seien Menschen, und Menschen mit Macht seien andere Menschen als solche ohne Macht, und Menschen, die nach Macht streben, andere Menschen als solche, die das nicht täten. Es sind nicht die klügsten und sympathischsten Frauen, die der Zeitgeist gerade nach oben spült, sagte ich, im Gegenteil, es sind zum Teil garstige Weiber, die es wagen, die intelligentesten und klügsten Männer zu beschimpfen. Das hat Doris Lessing schon 2001 gesagt. Warte, das habe ich sogar gespeichert, sagte ich und zog mein Telefon aus der Tasche. Ich lese dir vor, hier: »Es ist Zeit, dass wir uns fragen, wer eigentlich diese Frauen sind, die ständig die Männer abwerten. Die dümmsten, ungebildetsten und scheußlichsten Frauen können die herzlichsten, freundlichsten und intelligentesten Männer kritisieren, und niemand sagt etwas dagegen. Die Männer scheinen so eingeschüchtert zu sein, dass sie sich nicht wehren. Aber sie sollten es tun.«

Donnerwetter, sagte Adam, und das schon 2001. Inzwischen ist es allerdings zu spät.

Für uns, Adam, für uns ist es zu spät. Aber die jüngeren Männer sind vielleicht klug genug, sich mit den klugen Frauen zu verbünden, ohne zu erwarten, dass sie ein ehrgeiziges Männerleben willfährig mitführen und sich, wenn sie über fünfzig sind, klaglos gegen ein jüngeres Exemplar austauschen lassen.

Als ich Adam kennenlernte, war er noch mit seiner ersten Frau verheiratet, Gabriele, eine freundliche Person, die nächtelang seine Doktorarbeit abgetippt hatte, wie sie öfter erzählte, die wegen der Kinder nie gearbeitet hatte und mit ihm von Bielefeld nach Gießen, von Gießen nach Köln und endlich nach Berlin gezogen war, wo er nach drei Jahren die junge Gudrun Bärwinkel traf, ihr den Namen Eva gab und sich von Gabriele scheiden ließ.

Adam strich sich über den spärlich behaarten Schädel und atmete dabei hörbar aus, als wollte er sich so die Antwort ersparen, die er mir gern gegeben hätte. Denn natürlich war für Adam nichts zu spät, er hatte ein erfolgreiches Männerleben hinter sich, das erste mit einer dienstbaren Frau, das zweite mit einer Frau im Alter seiner Tochter. Wofür sollte es zu spät sein?

Vielleicht wählen die Männer auch einen bequemeren Weg, sagte er mit einem kleinen boshaften Lächeln, und suchen sich eine Frau in Thailand oder konvertieren zum Islam und nehmen sich gleich drei, eine zum Kochen, eine fürs Bett und die dritte als Nachfolgerin der zweiten. Denk an Houellebecq.

Ja, und das Buch heißt »Unterwerfung«, sagte ich so heftig, dass ein Ehepaar am Nachbartisch sich nach uns umsah. Und dann kommt die Stunde der heroischen Frauen. Wie hast du das gesagt? Nur die Not gebiert Helden. Dann sind die Frauen in Not.

Adam beugte sich über den Tisch und griff nach meinem Arm. Nun beruhige dich mal wieder, es sollte ein Scherz sein. Trink noch einen Schnaps und lächle wieder.

Ich bestellte noch einen Framboise, Adam einen Whisky, wir stießen darauf an, dass wir beide daran glaubten, dass es zwei Geschlechter gab und die Sache zwischen den Männern und den Frauen nicht verloren war.

Von Artur Lanz hörte und las ich lange nichts, kein Anruf, keine Nachricht, auch kein zufälliges Treffen beim Einkauf. Der November war mild, aber trüb und verregnet, fast täglich hüllte ein dünnfädiger Regen die Stadt in einen wässrigen Schleier, so dass ich auf meine täglichen Spaziergänge verzichtete. Früher, sehr viel früher, habe ich gerade dieses Novemberwetter geliebt als theatralische Kulisse für meine jugendliche Melancholie. Inzwischen sehnte ich mich eher nach einem meteorologischen Ausgleich meiner Gemütszustände, nur an meiner Vorliebe für die entlastende Wirkung von Gewittern hatte sich nichts geändert.

Ich schrieb an einer belanglosen Kolumne über die angeblichen Vorzüge des Alters für eine Provinzzeitung, für die ich noch hin und wieder arbeitete, und machte mir Notizen zu einer möglichen Erzählung über einen Mann wie Artur Lanz. Die Bücher über Artus und seine Tafelrunde hatte ich vorerst vom Schreibtisch geräumt und las stattdessen noch einmal in Houellebecqs »Unterwerfung«. Selbst wenn Adam es scherzhaft gemeint haben sollte, wogegen sein boshaftes Lächeln sprach, gab es mir doch zu denken, dass ihm sofort Thailand und die Konversion zum Islam als Auswege für die Männer eingefallen waren. Denn so unehrenhaft, unritterlich, unheroisch diese Auswege auch waren, es gab sie, und sie wurden, sofern es Thailand betraf, auch schon genutzt. Und da der Mensch, wie schon Epikur empfahl, weniger auf Lustgewinn als auf Unlustvermeidung aus sein sollte, wäre es ja ein Gebot der Vernunft, dass die Männer, jedenfalls die heterosexuellen, sich dem unkomfortablen Leben, das ihnen unter den ermächtigten Frauen drohte, einfach entziehen. Umso unverständlicher war es, dass ausgerechnet die Frauen, die den entschiedensten, oft rachsüchtig anmutenden Kampf gegen die Männer führten, rigoros das Kopftuch der muslimischen Frauen und einige sogar die Polygamie verteidigten, als blickten sie schon demütig ihrer eigenen Zukunft ins Auge.

Erst vor kurzem hatte mir Lady erzählt, wie sie bei einer Geburtstagsfeier mit den Töchtern ihrer Nichte in Streit geraten war, weil die ihr erklärten, dass es schließlich zur Freiheit der Frauen gehöre, sich zu verschleiern, und dass deutsche Männer auch oft zwei Frauen hätten, nur dass sie die zweite nicht heirateten und so nicht einmal Verantwortung für sie übernähmen, und was daran nun besser sei; und dass Europa und besonders die Deutschen überhaupt Schuld trügen an dem Zustand dieser armen Länder, aus denen die Menschen nun kämen und darum zu Recht ihren Reichtum mit ihnen teilen müssten. Es sei ein sinnloses Gespräch gewesen, sagte Lady, die beiden Mädchen, einundzwanzig und dreiundzwanzig Jahre alt, die sie beide sehr liebte, wären in ihrer Meinung so unerschütterlich gewesen, dass sie bald aufgegeben hätte, zumal die übrigen Gäste begannen, sich in den Streit einzumischen, was vermutlich zu einer verbalen Massenschlägerei geführt hätte, meinte Lady.

Es sei immerhin ein Vorzug des Alters, dass man sinnlose Gespräche aufgeben könne, sagte ich, und Lady fragte, was das mit dem Alter zu tun habe, was ich auch nicht genau wusste, nur dass es so war.

Vielleicht Erfahrung, sagte ich, vielleicht auch nur Altersschwäche. Vielleicht aber auch, weil man allmählich aus der Welt rauswächst, so wie man in sie reingewachsen ist und weiß, dass man sowieso nicht erfahren wird, wie alles ausgegangen ist. Vielleicht sollten wir einfach aufhören, Zeitungen zu lesen und Nachrichten zu hören.

So als wären wir schon tot?

Nur schon ein bisschen weg, als Vorbereitung, sagte ich.

Lady protestierte. Und wenn sie hundert würde, dann hätte sie sich fünfundzwanzig Jahre aufs Sterben vorbereitet. Und warum ich mich dann noch für einen wildfremden Mann, der mein Sohn sein könnte, interessieren sollte, nur weil seine Mutter ihn nach legendären Helden benannt hätte.

Vielleicht sollte man sich überhaupt nur noch mit der Vergangenheit befassen, sagte ich, von der weiß man wenigstens, wie sie ausgegangen ist.

Lady stöhnte ungeduldig. Mannomann, was ist denn los mit dir?

Es ist November.

Lady fragte, ob ich zu Weihnachten familiären Besuch erwarte, was ich nicht beantworten konnte, weil meine Tochter und ihr Mann sich noch nicht entschieden hatten, ob sie mit der amerikanischen Familie feiern oder nach Deutschland kommen wollten.

Ist doch egal, sagte ich, auf jeden Fall feiern wir zusammen.

Wie alt ist Anni jetzt eigentlich?

Auch schon fünfzig, genau so alt wie Artur.

Lady schwieg, und ich wusste, was sie jetzt dachte.

Es war schon Anfang Dezember, als Artur anrief. Er stehe fast vor meiner Haustür und ob er raufkommen dürfe. Ich hatte schon nicht mehr mit ihm gerechnet. Ich glaubte, er hätte seine schwankende Seele irgendwie wieder ins Gleichgewicht gebracht, vielleicht durch eine neue Frau oder, falls er die nicht gefunden hätte, mit Hilfe eines Therapeuten, notfalls mit Medikamenten. Denn abgesehen von unserem ersten Gespräch in Rosis Café, das nur dem Zusammentreffen unserer zufälligen Begegnung, eines plötzlichen Regens und seinem drängenden Mitteilungsbedürfnis zu verdanken war, verstand ich eigentlich nicht, was ihn bewog, meine Nähe fortdauernd zu suchen. Mein Interesse an ihm hingegen war von Anfang an eigennützig, wenn ich auch nicht bestreiten wollte, dass sich mit der Zeit die professionelle Neugier mit Anteilnahme, sogar Sympathie verbunden hatte. Es hätte mich also nicht gewundert, wenn unsere kurze Bekanntschaft schon ihr Ende gefunden hätte, obwohl die Geschichte über einen postheroischen Mann, die ich mir von ihm versprochen hatte, sehr fragmentarisch geblieben war und mich so ein abschiedsloses Ende vielleicht doch gekränkt hätte.

Er entschuldigte sich für den Überfall, aber als er an meiner Straße vorbeigekommen sei, habe er spontan die Idee gehabt und wolle auch gar nicht lange bleiben, nur mal wieder Hallo sagen, nein, er wolle keinen Kaffee, höchstens ein Glas Wasser, nur keine Umstände.

Er saß angespannt auf der Sesselkante, als wolle er gleich wieder aufspringen, und ich fragte mich, warum er sich den Besuch bei mir, wenn er ihn derart verlegen machte, nicht erspart hatte. Ich beruhigte ihn, er störe wirklich nicht, und ich freute mich über seinen Besuch. Ob er nicht doch einen Kaffee wolle, ich würde selbst gern einen trinken.

Ich kochte den Kaffee, und als ich aus der Küche kam, blätterte Artur in Houellebecqs »Unterwerfung«, worin ich gerade gelesen hatte.

Kennen Sie das?

Ja, habe ich gleich gelesen, als es erschienen ist, weil ein Freund davon so geschwärmt hat.

Und?

Na ja …, er zögerte, … der traut sich was. Sicher ein bisschen übertrieben, aber interessant. Und gut geschrieben.

Vielleicht ist so eine Konversion für Männer ja wirklich ein ganz akzeptables Angebot, sagte ich.

Er kenne schon einige, bei denen er sich das vorstellen könne, sagte Artur, vier Frauen, und wenn das Geld stimmt, dafür würden manche am Tag sogar fünfmal beten.

Und Sie?

Er verzog den Mund zu einem missglückten Lächeln. Nein, eher nicht, bestimmt nicht, dann müsse man ja auch den ganzen Rest akzeptieren. Außerdem sei er schon mit einer Frau nicht klargekommen, und dann gleich drei oder vier. Und überhaupt, was ist dann mit der Liebe? Er könnte nicht mehrere Frauen gleichzeitig lieben. Und ob die Frauen ihn liebten oder vielleicht sogar hassten, wüsste er dann auch nicht. Und welche Frau würde das auch mitmachen?

Ja, dann verlassen wir uns lieber auf die Frauen, sagte ich.

Er nahm Zucker und Milch, rührte langsam seinen Kaffee, sah mich an, rührte weiter, offensichtlich hatte er ein Problem und suchte noch nach dem ersten Satz, um darüber zu sprechen.

Sie sind doch aus dem Osten, sagte er endlich, und haben wahrscheinlich Erfahrung mit solchen Sachen, ich meine mit Schwierigkeiten bei Meinungsverschiedenheiten, politischen Meinungsverschiedenheiten.

Ich konnte mir nur schwer vorstellen, wie Artur Lanz wegen politischer Äußerungen in ersthafte Schwierigkeiten geraten sein sollte.

Es gehe nicht um ihn, sondern um einen Kollegen, eigentlich einen Freund, Gerald Hauschildt, den einzigen Freund, den er im Institut habe, der ihm auch das Buch von Houellebecq empfohlen hätte. Gerald sei ein paar Jahre jünger als er, aber im Physikalisch-Chemischen Institut hätten sie zur gleichen Zeit angefangen und sich schon wegen ihrer gemeinsamen Fremdheit schnell angefreundet, was unter anderen Umständen eher unwahrscheinlich gewesen wäre. Denn jenseits ihrer wissenschaftlichen Forschung hätte sie zunächst nicht viel verbunden. Gerald war geschieden, hatte keine Kinder, war ein leidenschaftlicher Fan von Union Berlin, erregte sich schnell und in drastischer Sprache, besonders wenn er über Politik sprach. Er, Artur, war verheiratet, hatte zwei Kinder, interessierte sich nicht für Fußball und für Politik eher leidenschaftslos. Auch äußerlich seien sie ganz verschieden, sagte Artur. Gerald sei kräftig, nicht sehr groß, ein sportlicher Typ mit einem flächigen Gesicht, das an Jack Nicholson erinnere; er hingegen schmal, dafür fast einen halben Kopf größer als Gerald. Aber sie hätten schnell herausgefunden, dass sie von ähnlicher Herkunft waren und beide aus einer südlichen Kleinstadt stammten, nur dass die eine in Bayern lag und die andere in Thüringen, knapp hundert Kilometer voneinander entfernt. Als in Berlin die Mauer fiel, war Gerald im letzten Schuljahr, und Artur studierte schon in Braunschweig. Wenn sie über ihre Kindheit sprachen, dann meistens über das Verbindende, über die Landschaft, die in beiden eine Liebe zu Wäldern und Bergen hinterlassen hatte, über Wanderungen und Zeltabenteuer, über Osterbräuche, die sich hier wie da erhalten hatten.

Vielleicht, sagte Artur, war das sogar das Fundament ihrer Freundschaft, trotz ihrer sehr verschiedenen Temperamente. Später, kurz nach der Trennung von Jolanta, als Artur vor Kummer nicht mehr er selbst war, wie er es beschrieb, überredete Gerald ihn, von Arturs Stadt in Geralds Stadt zu wandern. Damit er wieder Boden unter die Füße bekommt, hat Gerald gesagt. Dabei hielt er Arturs Entscheidung damals für falsch, jedenfalls hat er sie nicht verstanden.

Gerald sei der Einzige gewesen, der von der Geschichte gewusst habe, sagte Artur. Nicht nur einmal hätte er ihm als Alibi gedient und gegenüber seiner

Frau von gemeinsamen Dienstreisen gesprochen, die es nicht gegeben hatte. So eine irre Liebe wirft man nicht weg, hätte Gerald gesagt, die hat einen tieferen Grund.

In der Zeit danach sahen sie sich fast nur noch im Institut, weil Artur sich um die Wiederbelebung seiner Ehe bemühte und weil seine Frau, die Geralds Rolle in dieser Affäre ahnte, gemeinsame Essen oder Kinobesuche fortan ablehnte. Trotzdem blieben sie Freunde, und als Artur feststellen musste, dass trotz seiner Anstrengung weder seine Frau noch er in die harmonische Routine ihrer früheren Ehejahre zurückfinden konnten, gab er seine Bemühungen und damit auch die erzwungene Distanz zu seinem Freund wieder auf. Über sein schicksalhaftes Erlebnis mit dem Hund aber hat er mit Gerald nicht gesprochen.

Er sei sicher gewesen, dass Gerald nicht verstanden hätte, warum eine solche Geschichte lebensverändernd sein konnte, weil es für ihn selbstverständlich gewesen wäre, den Hund zu retten, egal wie. Und weil er sich an Arturs Stelle eben für Jolanta entschieden hätte, weil er, wie Artur sagte, mit emotional gesteuerten Reflexen ausgestattet war, die ihn nun auch in diese Schwierigkeiten gebracht hatten. Es war sein Temperament. Als Jugendlicher hat er nur wegen einer Wette und weil es verboten war, versucht, mit dem Fahrrad eine Skipiste zu bewältigen, wobei er sich die Knochen und Sehnen seines linken Beins derart verletzte, dass er trotz bester medizinischer Behandlung bis heute leicht hinkte, wenn er müde oder überanstrengt war. Eigentlich sei es unsinnig, dass er sich für einen Beruf entschieden hat, der vor allem Geduld und einen klaren Kopf verlangte, sagte Artur. Aber nach dem Zusammenbruch des Staates, in dem er aufgewachsen war, wollte er etwas lernen, das unwandelbaren Gesetzen unterlag, denen sich jede Weltanschauung und jede Regierung zu unterwerfen hatte. Und da ihn von allen Naturwissenschaften die Physik am meisten interessierte, bewarb er sich gleich nach dem Abitur an der TU Dresden. Über seine ostdeutsche Herkunft hat Gerald selten gesprochen, vielleicht weil er sie selbst nicht als maßgeblich empfand oder weil er es leid war, als Experte über die Jungen Pioniere, die Stasimethoden und die Machenschaften der Treuhand befragt zu werden. Erst in den letzten Jahren berief er sich hin und wieder in zynischem Ton auf seine Erfahrungen als Ostdeutscher, dessen Gehör für falsche Töne und verlogene Parolen schon in der Kindheit geschärft worden sei.

Fast täglich schicke er ihm Artikel und Statistiken,

die er in Zeitschriften oder Internetblogs gefunden hatte, vor allem mehr oder weniger wissenschaftliche Beiträge, in denen das Kohlendioxid als Ursache des Klimawandels bezweifelt oder sogar als grober Unfug bezeichnet wurde. Das hätte schon Züge von Besessenheit, sagte Artur. Eines Abends – Gerald hatte von einem Besuch bei seinen Eltern Thüringer Rostbratwürste mitgebracht und ihn zum Essen eigeladen – saßen sie auf dem Balkon, Gerald wendete die Würste geduldig auf dem Grill, sah dem aufsteigenden Rauch nach und sagte: Wieder eine Stunde weniger bis zum Weltuntergang.

Artur, der keinen Grund sah, an der einhelligen Meinung der internationalen Klimawissenschaftler zu zweifeln und dem die anmaßende Besserwisserei seines Freundes allmählich auf die Nerven ging, fühlte sich provoziert und sagte etwas von »ewiger Klugscheißerei« und woher er denn seine Gewissheit nehme, wenn er sogar der gesamten Wissenschaft manipulative Absichten unterstelle.

Gerald lachte nur. Wissenschaft? Das Ganze nehme inzwischen den Rang einer Verschwörung an, denn mit der Drohung, die Erderwärmung zu stoppen oder unterzugehen, könne man in jeden Lebensbereich eingreifen, in die Ernährung, die Kleidung, die Mobilität, am besten solle man wohl auf Rollschuhen fahren, in die Architektur, die Wirtschaft ließe sich beliebig hin- und herdirigieren, von zusätzlichen Steuern ganz zu schweigen, sogar eine Regulierung der Fortpflanzung ließe sich so begründen. Das Ganze sei ein kolossales Erziehungsprogramm, mit dem man eine durch Angst und Panik gefügige Menschenmasse in jede Richtung treiben könne. Mit jedem Satz steigerte sich seine Erregung, bis Artur sagte, mit seiner ostdeutschen Nase wittere Gerald offenbar überall die drohende Diktatur, als wären wir schnurstracks auf dem Weg ins Vierte Reich.

Nicht ins Vierte Reich, ins Grüne Reich, rief Gerald. Ins Grüne Reich, wiederholte er sichtlich begeistert von seinem Einfall, diesmal aber nicht über die Autobahn, sondern über Stromtrassen.

Und damit, mit diesem Satz, sagte Artur, hat die ganze unselige Geschichte angefangen.

Damit unterbrach er seine Erzählung und zündete sich eine Zigarette an. Der Lichtschein des Feuerzeugs erhellte für einen Moment sein Gesicht, das die einbrechende Dämmerung verschattete, so dass ich es fast nur noch in seinen Konturen erkennen konnte. Ich hatte, während er sprach, an mein Gespräch mit Lady in Marlenes Bar denken müssen, als wir uns grimmig über die notwendige Abschaffung aller Tiere und unseres eigenen verantwortungslosen, weil unproduktiven und nur CO_2 produzierenden Überlebens ausgelassen hatten. Auch Geralds Anspruch, ein feineres Gehör für falsche Töne und manipulative Propaganda zu haben als Menschen, die Diktaturen nur aus Büchern und Berichten von Zeitzeugen kannten, teilte ich, zumal ich nicht nur meine Kindheit und Jugend, sondern mein halbes Leben Zeit hatte, mein Gehör zu schulen.

Ich wartete auf den Fortgang des Geschehens, aber Artur schwieg, als müsste mir die Unseligkeit der Geschichte schon klar sein.

Aber den Satz haben doch nur Sie gehört, sagte ich, was ist passiert?

Bis dahin nichts, sagte Artur, aber Gerald fand seine Idee mit dem Grünen Reich wohl so grandios, dass er sie noch in derselben Nacht auf Facebook postete, genau so, wie er sie mir verkündet hatte: Wir marschieren geradewegs ins Grüne Reich, diesmal nicht über die Autobahn, sondern über Stromtrassen! Das konnten zwar nur seine Freunde bei Facebook sehen, aber man weiß ja nicht genau, wer sich unter den Freunden so versammelt. Gerald hatte vorsorglich niemanden aus unserem Institut als Freund zugelassen, aber Franziska Schwarz, von der manche behaupteten, durch ihre Adern fließe grünes Blut, hatte sich unter anderem Namen unter seine Freunde geschummelt, und damit war die Sache bald im ganzen Institut rum und auch schnell bei der Institutsleitung.

Ich verstand immer noch nicht, was der Skandal an dieser Angelegenheit sein sollte. Ein etwas waghalsiger Satz mit beschränktem Zugang bei Facebook, das, wie man hören und lesen konnte, von Hass und Hetze strotzte. Außerdem war mir der Begriff »Grünes Reich« nicht neu. Ich glaubte sogar mich zu erinnern, irgendwo gelesen zu haben, dass eine englische Zeitung einen Bericht über Deutschlands Klimapolitik mit der Überschrift »Deutschland marschiert ins Grüne Reich« versehen hatte, was keine größere Empörung ausgelöst hat. Wahrscheinlich verstanden viele ein grünes Reich eher als Verheißung und nicht als Drohung.

Ich sagte, die Bezeichnung »Grünes Reich« sei doch ganz witzig, sicher nicht ganz korrekt, aber ich konnte darüber jedenfalls lachen.

Artur hob abwehrend die Hand. Das ist komplizierter, sagte er, Sie müssen wissen, unser Institut forscht gerade an einer ganz neuartigen Beschichtung für die Rotorblätter von Windkraftanlagen. Und zwar suchen wir einen Duftstoff, der der Beschichtung beigemischt werden kann und alle Flugtiere einschließlich der Insekten von den Anlagen fernhält. Wir kooperieren mit Instituten in Frankreich und Skandinavien. Und wenn ein Mitarbeiter unseres Instituts unsere eigene Arbeit öffentlich lächerlich macht, kann das sogar unserer internationalen Reputation schaden. Das wusste Gerald genau, und das hat ihm Tannenberg, unser Institutsleiter, wohl auch ziemlich deutlich erklärt.

Wie das Gespräch genau verlaufen sei, wisse er natürlich nicht, aber Gerald habe wohl gesagt, dass er seiner Arbeit gewissenhaft und auch mit Leidenschaft nachgehe und es ihm sogar eine große Befriedigung bereite, wenigstens zum Überleben von Vögeln und Fledermäusen beizutragen, dass er sich aber nicht vorschreiben lasse, was er zu denken und zu reden habe. Tannenberg solle darauf gesagt haben, denken und reden könne er, was er wolle, aber nicht auf Facebook oder in sonstiger Öffentlichkeit, andernfalls werde es Folgen haben.

Und damit, sagte Artur mit aufsteigeder Erregung in der Stimme, hätte das Ganze erledigt sein können. Aber eben nicht für Gerald. Der fluchte noch stundenlang vor sich hin, »so nicht, nicht mit mir« und ähnliche Sprüche, die schon den nächsten Ärger ankündigten. Und dann postete er den gleichen

Text noch einmal, aber nun nicht nur für Freunde, sondern öffentlich und noch eine Nummer schärfer, diesmal schrieb er: »Wir marschieren vorwärts ins Grüne Reich, aber heute nicht über Autobahnen, sondern über die Stromtrassen der Grünen.« Und das nicht nur auf Deutsch, sondern gleich noch auf Englisch, damit auch alle Welt es verstehen kann.

Mit einer heftigen Bewegung griff Artur nach seiner Zigarettenschachtel, als wollte er damit einen Punkt hinter seine Erzählung setzen, fügte dann aber mit resignierendem Kopfschütteln hinzu: Und dabei gibt es die Trassen noch gar nicht.

Ich verstehe, mit dem Fahrrad über die Skipiste, sagte ich und gab zu, dass die Situation wirklich Anlass zur Besorgnis gab. Allerdings wunderte mich, dass Arturs Ärger, der schon die Grenze zur Wut streifte, sich fast nur gegen seinen Freund Gerald und nicht gegen Franziska Schwarz oder Professor Tannenberg richtete.

Jetzt wird es eine Institutssitzung geben, sagte Artur, und dann? Es ist doch schwer, ihn zu verteidigen.

Warum?

Weil er nicht recht hat.

Kann man jemanden nur verteidigen, wenn er recht hat? Ist es nicht auch ein Recht, unrecht zu haben? Welches Recht hatte Ihr Hund, mit der Leine am Hals in ein Rapsfeld zu laufen?

Artur war empört. Ein Hund ist ein Hund.

Und ein Mensch darf sich nicht irren? Sind Sie überhaupt ganz sicher, dass Ihr Freund sich irrt? Außerdem ging es bei Ihrem Hund nicht um Recht, sondern um Liebe.

Aber die englische Version hätte er sich wenigstens sparen können.

Ja. Hat er aber nicht.

Artur sah mich an, hob hilflos die Schultern, sagte: ich weiß nicht …

Ich sagte, dass ich Gerald gern kennenlernen würde und ob das möglich sei.

Wir verabredeten uns für die nächste Woche.

Lady saß schon rauchend an unserem Stammtisch. Leicht vorgebeugt, den Ellbogen auf die Tischplatte und das Kinn in die Hand gestützt, blickte sie aufmerksam in den Raum, wo irgendetwas offenbar ihr Interesse erregt hatte. Ihre Haare ringelten sich wie immer in keiner erkennbaren Ordnung um ihren Kopf. Windgeföhnt, sagte Lady dazu. Als ich sie so sah, groß, alt, aber immer noch die eigenwillige, wilde Lady, durchfuhr mich eine Welle warmer Dankbarkeit, dass es Lady für mich gab, immer noch gab, seit über fünfzig Jahren. Sie war die Einzige, die ich aus meiner Studienzeit hinüber ins Alter gerettet hatte. Mit den meisten waren die Gemeinsamkeiten ohnehin mit dem Studium beendet gewesen. Einige zogen weg aus Berlin, zwei schafften es in den Westen, manche waren inzwischen gestorben. Lady und ich hatten uns in all den Jahren nicht verloren, auch nicht während unserer Ehen. Und seit wir beide allein lebten, waren wir einander unentbehrlich geworden. Lady hatte keine Kinder, meine Tochter war fünftausend Kilometer entfernt, ich sah sie höchstens zweimal, meistens nur einmal im Jahr, meine Enkelkinder hatte ich nicht aufwachsen sehen und kannte sie vor allem von Fotos.

Lady winkte, als sie mich sah. Ich umarmte sie, ein bisschen heftiger als sonst.

Ist was passiert?, fragte Lady.

Nur dass wir beide noch leben, sagte ich.

Marlene kam und erzählte, dass vor ein paar Tagen jemand einen besoffenen Minister in ihre Bar verschleppt hätte, den Namen des Ministers wollte sie nicht verraten, vielleicht sei es auch nur ein Staatssekretär gewesen, der alle paar Minuten den gleichen Satz vor sich hingelallt hätte: Kinder, wenn ihr wüsstet … Aber was sie nicht wussten, hätte er nicht verraten, obwohl er sturzbetrunken war.

Na ja, sagte Marlene, was wir nicht wissen sollen, denken wir uns eben.

Zwei White Ladys wie immer? Sie ging, ohne die Antwort abzuwarten.

Wir sprachen über die Belanglosigkeiten der letzten Tage. Lady hatte beim Einkauf ihr Portemonnaie verloren, aber wiederbekommen. Mit allem drin, sagte sie, sogar mit dem Geld. Bei mir hatte es durch die Fenster geregnet, und ein Backenzahn rumorte.

Sie hätte aber wirklich etwas erlebt, sagte Lady, eine Lektüre, die sie umtreibe, nein, die sie erschüttert habe. Sie lektoriere gerade ein Buch, für das sie einige Zitate überprüfen musste. Wie ich schöpfte Lady aus dem Rinnsal ihrer früheren Berufstätigkeit noch etwas Geld, ohne das wir uns auch den Luxus unseres monatlichen Barbesuchs nicht hätten leisten können. Und einige der Zitate, sagte Lady, stammten aus dem »Untergang des Abendlandes« von Oswald Spengler. Hast du das Buch gelesen, fragte sie. Nein? Ich auch nicht, aber nun habe ich gar nicht aufhören können. Warum haben wir das nicht früher gelesen? In den paar Kapiteln, die ich bis jetzt kenne, stehen Sätze, die mir mein ganzes Lebensgefühl erklären. Allein der Satz über die Zivilisation als das Greisenalter der Kultur. Sie folgt dem Werden, sagt er, als das Gewordene, wir leben also in einem Greisenzeitalter, das erklärt doch alles. Und das hat er schon vor hundert Jahren geschrieben.

Eigentlich müssten wir uns darin doch wohlfühlen, sagte ich, wir sind auch das aus dem Werden Gewordene.

Wohlfühlen?, wiederholte Lady grimmig. Man hat eher Sinn für die Vergänglichkeit und die Naturhaftigkeit des Menschen. Die Jugend lehnt den Gedanken, dass Gesellschaften altern wie Menschen, Tiere und Pflanzen, dass sie werden, sind und vergehen, allein deshalb ab, weil sie jung ist. Ein Untergang als Zukunft, schon der Gedanke ist nicht zumutbar. Wenn man selbst keine Zukunft mehr hat, kann man es leichter akzeptieren. Obwohl …

Obwohl was?

Es ist traurig. Der Gedanke, dass alles, was einem wertvoll war und was man geliebt hat, nicht mehr da sein soll, ist doch traurig, auch wenn man selbst dann gar nicht mehr lebt.

Das haben alle vor uns vielleicht auch gedacht, sagte ich, und wir denken, wir leben in der besten aller Zeiten.

Die vor uns haben auf ein Himmelreich gehofft.

Werden die nach uns vielleicht auch wieder, wenn es ihnen so schlecht geht wie denen vor uns.

Mein Gott, sagte Lady, wir quatschen uns schon wieder in die Depression. Trinken wir lieber. Dabei wäre das nach Spengler überhaupt kein Grund zur Depression, weil die Natur eben die Natur ist. Nach dem Winter kommt ein Frühling und nach einer untergegangenen Kultur eine neue, so frisch wie der Frühling, vielleicht die nächste Barbarei, aber eine neue. Deine Heldensuche kannst du also aufgeben.

Ich suche keine Helden, ich frage mich nur, warum alle plötzlich so stolz von unserer postheroischen Zeit reden. Außerdem wäre ein drohender

Untergang doch erst recht ein Grund für Heldentaten.

Lady lachte. Ja, im Kino, wenn die Außerirdischen die Erde stürmen. Aber wenn es kein Ziel mehr gibt, wenn so eine Zivilisation mit sich nichts mehr anzufangen weiß, dann ist eben Schluss. Wir nehmen unsere Erfindungen ja schon zurück, plötzlich stellen sich die Großtaten der Wissenschaft als Untaten heraus. Der Dünger, die Flugzeuge, die Atomkraft, die Autos – alles nur noch todbringende Gefahren.

Ich musste an Geralds lebensrettende Duftstoffe denken und erzählte Lady von Arturs Besuch. Dass Geralds Vergleich der Autobahnen mit den Stromtrassen ihr gefallen würde, hätte ich mir denken können.

Dein Artur wird mir immer unsympathischer, sagte sie. Ein Feigling, der lieber ein Held sein möchte, und weiß nicht, ob er einen Freund verteidigen soll. Was hast du ihm denn geraten?

Nichts.

Lady gab einen zufriedenen Laut von sich. Erinnerst du dich an die Geschichte mit Rosi Kleinschmidt, fragte sie nach einer Weile.

Ich erinnerte mich genau. Es war die Abschlussfeier zum vierten Studienjahr. Die Prüfungen lagen hinter uns und die Ferien vor uns, es wurde getanzt und viel getrunken, eine fröhliche Party (die wir damals noch Fete nannten), bis Rosi Kleinschmidt ein Tonband mit Liedern von Wolf Biermann auflegte. Plötzlich verstummten das Geschwätz und das Gelächter. Die einen schwiegen, weil sie zuhören wollten, die anderen, weil sie Unheil ahnten, und eine dritte, kleinere Gruppe, weil sie empört war. Aber niemand protestierte. Erst nach dem vierten oder fünften Lied stoppte ein Dozent das Gerät und forderte Rosi Kleinschmidt auf, ihr Tonband wieder einzupacken. Wir lobten Rosi für ihren Mut und hielten die Angelegenheit für ausgestanden, zumal wir uns alle erst im Herbst wiedersehen würden und der Vorfall bis dahin sicher vergessen sein würde. Aber die Empörten, vor allem die Parteigenossen unter uns, hatten nichts vergessen, sondern beriefen schon in der ersten Woche des neuen Semesters eine FDJ-Versammlung ein, in der Rosi Kleinschmidt und ihr Vergehen verhandelt wurden. Antisozialistische Hetze und westliche Einflüsse wurden ihr vorgeworfen, der Wortführer der Gruppe stellte sogar die Frage nach einer möglichen Exmatrikulation. Rosis Versuch, sich zu rechtfertigen, fiel kläglich aus. Ihre Stimme zitterte, als sie sich für ihr unüberlegtes Handeln entschuldigte, sie habe das Feindliche in den Liedern wohl nicht richtig erkannt. Lady saß neben mir, und ich konnte spüren, wie ihre Muskeln sich anspannten, bis es sie nicht mehr auf dem Stuhl hielt.

Was hier eigentlich los sei, schrie sie, was an diesen Liedern antisozialistisch sei, möchte sie wissen. Und warum westlich, Biermann sei Bürger der DDR und nach eigener Aussage Kommunist, dessen Vater von den Nazis ermordet worden sei. Und wenn einigen die Lieder nicht gefielen, hätten sie es gefälligst gleich sagen sollen, statt jetzt das Schwert der Exmatrikulation zu schwingen.

Ich erinnerte mich genau, dass sie vom Schwert der Exmatrikulation gesprochen hat, weil sie selbst dastand wie ein Ritter, der gleich sein Schwert ziehen würde, groß und kampfbereit. Einen Augenblick schien es, als würde sich die Empörung nun gegen Lady richten, aber die meisten der Anwesenden waren von dem Furor ihrer Kampfansage so beeindruckt, dass ein leises, aber unüberhörbares Murren die Ankläger zur Mäßigung zwang. Außer mir fanden sich noch zwei oder drei Verteidiger von Rosi, die zwar das Abspielen der Biermann-Lieder nicht verteidigten, darin aber eher eine lässliche Sünde sahen, die mit dieser öffentlichen Kritik abgegolten sein sollte. So blieb es bei einer strengen Ermahnung für Rosi, was sie allein Lady zu verdanken hatte.

Ja, feige warst du nie, sagte ich.

Kommt darauf an, was man unter Mut versteht, sagte Lady. Mut funktioniert offenbar wie ein Muskel. Wenn du ihn nicht benutzt, schrumpft er. Wenn Mut lange nicht gebraucht wird, kommt er abhanden.

Ich sagte, dass unser Mut demnach verkümmert sein müsste, weil wir gar keine Gelegenheit mehr hätten, mutig zu sein.

Wer weiß, sagte Lady, vielleicht kommt die ja noch.

Von alten Menschen erwarte man keinen Mut, sondern Weisheit, sagte ich, jedenfalls sei das früher so gewesen.

Ich dachte an mein bevorstehendes Treffen mit Artur Lanz und Gerald Hauschildt, um das ich leichtfertig und nur meiner Neugier folgend gebeten hatte. Nachträglich erschien es mir fast anmaßend, zwei fünfzigjährige Männer, die ein Problem miteinander hatten, zu einem Gespräch einzuladen, um dann als Mediatorin zwischen ihnen zu sitzen und Altersweisheiten zu verkünden. Ich vergaß einfach manchmal, wie alt ich war und dass allein das Alter die Rolle veränderte, die man für andere Menschen spielte. Und selbst für den Fall, dass die beiden einen Rat von mir erwarteten, würde ich mich auf keinen Fall dazu hinreißen lassen. Mich interessierte nur, wie die Geschichte weitergehen würde.

Lady lutschte an der Zitronenscheibe aus ihrem Cocktail und leckte sich danach ungeniert die Finger ab.

Willst du nicht mitkommen, fragte ich.

Wohin?

Zu den Jungs, am Mittwoch.

Lady trank den letzten Schluck ihres Cocktails und sah mich dabei spöttisch an.

Du kommst dir wohl allmählich selbst komisch vor, sagte sie, mal sehen, vielleicht.

Auf dem Heimweg dachte ich darüber nach, ob es stimmte, dass ich mir inzwischen selbst komisch vorkam.

Eigentlich brauchte ich bei mäßigem Tempo bis zu meiner Wohnung nur acht, höchstens zehn Minuten, aber um die dunklen, kleinen Nebenstraßen zu vermeiden, entschied ich mich für einen Umweg, obwohl mir auch da kaum eine Menschenseele begegnete. Aber wenigstens war die Straße breit und übersichtlich, aus manchen Schaufenstern fiel mattes Licht.

Vielleicht. Vielleicht kam ich mir selbst komisch vor, aber warum? Und warum fand Lady mich komisch? Weil ich durch Zufall in das Leben von Artur Lanz geraten war? Oder weil mein eigenes Leben nicht mehr interessant genug war? Weil man keine Rolle mehr spielte, einfach nicht mehr mitspielte im großen Leben, sondern nur noch tatenlos darüber nachdenken durfte und sich darum einschummelte in anderer Leute Leben wie ich mich in das Leben von Artur Lanz, von dem ich nun Heldentaten erwartete, die ich selbst gern vollbracht hätte? Und wäre das komisch? Oder eher traurig? Und war es überhaupt so? Während ich also versuchte, Ladys Verdacht und meiner eigenen Gemütslage auf den Grund zu gehen, hörte ich hinter mir Schritte, die ich nach ihrem Rhythmus und ihrem Gewicht einem Mann zuordnete. Ich ging langsamer, damit er mich überholen könnte, und als er an mir vorbeiging und ich einen hellhäutigen Mann von dreißig oder vierzig Jahren erkannte, war ich erleichtert, und mir fiel plötzlich eine Episode ein, die ich viele Jahre zuvor in einer Zeitung gelesen hatte. Jesse Jackson, ein schwarzer Bürgerrechtler, erzählte einem Journalisten, wie er nachts in New York oder Washington Schritte hinter sich gehört habe und wie er, selbst ein Schwarzer, erleichtert gewesen sei, dass der Mann hinter ihm ein Weißer war. Sein Gefühl, so realistisch es war, hat ihn beschämt. So ähnlich ging es gerade mir. Bis zu diesem Augenblick habe ich nicht gewusst, dass ich mir diese Geschichte und den Namen Jesse Jackson überhaupt gemerkt hatte.

Vor der Haustür traf ich meinen Nachbarn, der gerade seinen Hund zur nächtlichen Runde ausführen wollte. Für gewöhnlich wechselten wir ein paar Sätze, wenn wir uns begegneten, aber heute winkte er lachend ab, er hätte total schlechte Laune. Hertha hätte wieder mal verloren und obendrein so grottig gespielt, dass der Ärger ihm immer noch im Hals stecke. Wir wünschten uns eine gute Nacht, und ich dachte, dass wir alle irgendwie auch in fremden Leben lebten. Wem genügte schon das eigene?

Am Freitag rief Eva an. Sie sei zurück aus Indien, wie neu erschaffen, aber trotzdem ein Jahr älter, denn sie hätte inzwischen Geburtstag gehabt, ganz ohne Alkohol, Ayurveda eben, da sei Alkohol streng verboten, aber darum wolle sie ein bisschen nachfeiern, nichts Großes, nur ein paar Freunde aus der Nachbarschaft. Oder ob ich morgen schon etwas vorhätte.

Ich hatte nichts vor. Ich hatte in der letzten Zeit selten etwas vor, was mich zunehmend beunruhigte, nicht weil ich etwas vermisste, sondern gerade weil ich nichts vermisste und froh war, wenn ich am Morgen in den Kalender sah und ein unbeschriebenes Blatt mir einen Tag ohne Verpflichtungen, Verabredungen, Konzert- oder Theaterbesuche versprach. Es konnte natürlich am Alter liegen, an der zunehmenden Müdigkeit und nachlassenden Neugier, vielleicht aber auch an dem immer gleichen Themenkanon, der seit Jahren jedes Gespräch beherrschte, sogar dann, wenn er verschwiegen wurde, weil das Schweigen nur bedeutete, dass man den Streit über das Allgegenwärtige vermeiden wollte.

Ich hoffte, dass Eva außer mir nicht nur ihre Ayurvedafreundinnen einladen würde, und sagte ihr mein Kommen zu, was ich schon im gleichen Augenblick bedauerte. Und keine Geschenke, rief Eva noch zum Abschied. Ich kaufte eine einzelne Hortensie.

Eva empfing mich an der Tür in einem türkisfarbenen Sari und drehte sich, damit ich sie und den Sari von allen Seiten bewundern konnte, einmal um sich selbst, ehe sie mich umarmte. Von den anwesenden Gästen kannte ich nur das Ehepaar Zeisig. Zwei Frauen, die als Anja und Isabell vorgestellt wurden, gehörten offensichtlich zu den Indienreisenden, sie trugen neue seidene Gewänder in auffälligen Farben, die eine ein Kostüm, die andere einen Anzug. Anjas Ehemann, der Thomas hieß, erhob sich ungelenk, um mich zu begrüßen, und ließ sich mit einem erschöpften Lächeln wieder in den Sessel fallen. Ich war froh, als Adam mich auf den freien Platz neben sich dirigierte. Auf dem Tisch standen Teller mit kleingeschnittenen exotischen Früchten und Reistörtchen, die Isabell gebacken habe, sagte Eva. Drei Wochen ohne Fleisch und Fisch und sie hätte nichts vermisst, dafür aber drei Kilo abgenommen, Anja sogar dreieinhalb. Sie streckte erst Ulrike Zeisig und dann mir ihren Arm entgegen. Fasst mal an, so zart wie seit dreißig Jahren nicht, fass an. Jeden Tag Massagen, mit Öl, mit Erde, mit Salz.

Ich strich mit den Fingerspitzen gehorsam über Evas Unterarm und lobte, wie gefordert, den Zustand der Haut.

Und wie lange bleibt das so, fragte Ulrike Zeisig.

Man könne ja auch in Deutschland Ayurvedakuren machen, ein besseres Anti-Aging gebe es nicht, sagte Isabell.

Es folgten ausführliche Schilderungen der Synchronmassagen, individuellen Speisepläne für die verschiedenen Dosha-Typen und morgendlichen Yogaübungen.

Aber sie würde nicht noch einmal nach Indien fliegen, sagte Anja, den Anblick dieser Armut könne sie nicht ertragen. Schon wenn man vom Flugplatz kommt, nur Armut und Dreck. Im Resort ist es paradiesisch, darum soll man das ja auch nicht verlassen.

Und die scheißen ins Meer, sagte Eva. Eines Morgens sei sie über den Zaun geklettert und heimlich zum Strand gegangen, wo eine Reihe von Männern hockte und, wie sie dachte, die aufgehende Sonne bestaunte.

Bis ich merkte, dass die alle ins Meer scheißen, sagte sie mit unüberhörbarer Lust am eigenen Ekel.

Und das Meerwasser haben sie euch später stundenlang über den Kopf geschüttet, rief Adam in einem Ton, der eigentlich jeden weiteren Satz zu diesem Thema verbot. Die Männer lachten erleichtert, Ulrike Zeisig schüttelte sich angewidert, und ich hoffte, dass die Ayurvedasuada damit beendet sein würde. Aber Isabell wollte unbedingt noch von dem wunderbaren Geschäft mit den hinreißenden Seidenstoffen erzählen und dem unheimlich netten Schneider, der in zwei Tagen ihr Kostüm genäht hatte.

Wäre doch wenigstens Penelope Niemann da gewesen, dachte ich, mit der ich mich hätte streiten können. Ich hatte nichts gegen Eva, wahrscheinlich waren auch Isabell und Anja vernünftige Frauen, aber es gab Situationen, in denen ich jede Geschlechtsgenossenschaft verweigerte.

Sind da eigentlich auch Männer, fragte ich.

Die drei Frauen sahen sich an und überließen Eva das Wort.

Zwei Männer habe es in ihrem Durchgang gegeben, erzählte Eva, einer nach einem Schlaganfall und der andere habe seine Frau begleitet, oder sie ihn, das hätten sie nicht rausgefunden. Der Mann sei gehbehindert gewesen und die Frau viel jünger als er, mindestens zwanzig Jahre.

Adam, der gerade mit der Weinflasche umherging und die Gläser nachfüllte, meinte, er würde sich diesem autoritären Regime ums Verrecken nicht unterwerfen und dafür auch noch Geld bezahlen. Weder wolle er sich vorschreiben lassen, was er zu essen noch wann er ins Bett zu gehen habe. Es sei ja sogar verboten, Bücher zu lesen. Diese geheime Lust an der Unterwerfung ist eher etwas für Frauen, obwohl sie immer das Gegenteil behaupten, sagte er und nahm den kollektiven Aufschrei der drei Indienreisenden zufrieden zur Kenntnis.

Eigentlich gab ich Adam recht, zumal ich das Problem so noch nicht bedacht hatte. Mich stieß nur die Anbetung des eigenen Körpers ab, dieses sich Berauschen am Reinigen der Eingeweide, am stundenlangen sich ölen, begießen und massieren lassen. Aber die Frage, was es mit der wohligen Unmündigkeit auf sich hatte, in die man sich begab in einem fremden Land, bei fremden Menschen und einer jahrtausendealten Medizin, an die man nur glauben konnte, war mir noch nicht in den Sinn gekommen. Auch nicht die Frage, warum es vor allem Frauen waren, die sich dem unterwarfen. Trotzdem ärgerte mich Adams Bemerkung, die auf alle Frauen zielte, also auch auf mich und Lady, Doris Lessing und alle anderen.

Vor kurzem warst du noch der Meinung, dass die Frauen die Männer entmachtet haben, sagte ich. Was denn nun, entmachten oder sich unterwerfen?

Eine interessante Frage, sagte Adam, wahrscheinlich beides. Den konkreten Konkurrenten oder Gegner entmachten sie und suchen dann etwas Großes, weniger Konkretes, an das sie glauben und dem sie sich unterwerfen können. An Ayurveda muss man glauben, damit es funktioniert.

Evas Gesicht verfärbte sich, und auch an ihrem Hals bildeten sich rote Flecken.

Adam, du bist ein widerlicher Macho, rief sie, Ayurveda wirkt, und darum glauben wir daran. Aber du musst alles niedermachen, weil du an nichts glaubst.

Ist ja auch egal, warum es wirkt. Wer heilt, hat recht, sagte Isabell, wobei nicht klar war, wer oder was eigentlich geheilt war, da keine der drei Frauen krank gewesen war. Sie hatten ein paar Kilo abgenommen, und Eva hatte für ein paar Wochen eine geölte Haut, die so zart war wie seit dreißig Jahren nicht.

Für wen braucht Eva eigentlich eine Haut, die so zart ist wie seit dreißig Jahren nicht, Adam, fragte ich.

Adam hob ratlos die Schultern. Das ist die Frage. Für mich nicht, für mich hat sie sowieso die ewige Jugend, sagte er und bedachte Eva mit einem zwischen Zuneigung und Ironie changierenden Lächeln.

Thomas, der bis dahin nur ein paarmal die Lippen geöffnet hatte, als hätte er, wenn man ihn nur ließe, etwas sagen wollen, wagte endlich einen Satz: Vielleicht ist es das alte Spiel, unterwerfen durch Verführung, worauf Anja den Namen einer führenden Politikerin in die Diskussion warf und die Frage, wer sich von der wohl verführen ließe, was ein versöhnliches und geschlechterübergreifendes Gelächter hervorrief.

Alle schienen froh zu sein, dass die drohende Missstimmung besonders zwischen den beiden Gastgebern überwunden war, da erklärte Ulrike Zeisig mit ihrer sanften, melodiösen Stimme, in der nun verhaltene Empörung mitschwang, Frauen empfänden die Welt eben ganzheitlicher und reagierten emphatischer, das hätte mit Unterwerfung nichts zu tun. Sie wünschte, die ganze Welt würde weiblicher regiert, dann wäre sie auch friedlicher.

Mir entfuhr ein hörbares Stöhnen.

Adam strich sich wie immer, wenn er eine spontane Aufwallung unterdrücken wollte, mit der Hand über den Schädel, als ließe sich so der Affekt ableiten, und rief: Ulrike, meine Liebe, wie schade, dass ich deine befriedete Frauenwelt nicht mehr erleben werde. Vielleicht hast du ja das Glück. Frauen leben bekanntlich länger als Männer.

Und dann sagte ich doch etwas, obwohl ich mir vorgenommen hatte, die Diskussion, die ich in diesem Rahmen für sinnlos hielt, nicht unnötig zu verlängern. Vielleicht stimmt es ja, dass Frauen eher zur Unterwerfung neigen, sagte ich, manche halten ja sogar Selbstverteidigung für einen kriegerischen Akt. Und wenn man sich kampflos erobern lässt, gibt es eben keinen Krieg. Ob daraus dann der erwünschte Frieden wird, ist allerdings die Frage.

Eva, die sich gerade den nächsten Prosecco eingießen wollte, hielt die Flasche wie eine Waffe in der Hand und sah in ihrer Erregung und ihrem Sari aus wie eine Faschingsheroine.

Und was hat das alles mit Ayurveda zu tun?, fragte sie unter dem Beifall von Isabell und Anja und sah dabei mich an, als hätte ich den Streit vom Zaun gebrochen.

Wahrscheinlich nichts, sagte ich, obwohl ich davon überzeugt war, dass es auf eine Weise, die ich nur nicht durchschaute, doch miteinander zu tun hatte.

Als wir uns zum Abschied umarmten, sagte Adam leise: Wir könnten ja versuchen, der Sache bei einem Steinbutt auf den Grund zu gehen.

Am Sonntag erwachte ich mit Kopfschmerzen und leichter Kreislaufschwäche, was ich kaum dem ayurvedischen Imbiss anlasten konnte, sondern eher unkontrolliertem Alkoholkonsum. Auch der Kaffee verbesserte meinen Zustand nicht, auch nicht ein heißes Bad und ein kleiner Spaziergang durch die leeren sonntäglichen Straßen. Ich verbrachte fast den ganzen Tag auf dem Sofa, sah der Birke gegenüber zu, wie sie sich anmutig im Wind wiegte und ihre letzten Blätter zu Boden taumeln ließ. Ich las ein paar Seiten in dem Roman einer mir bis dahin unbekannten Autorin, den mir jemand empfohlen hatte, aber es langweilte mich oder strengte meine Augen an, und ich legte das Buch bald wieder zur Seite. Im Fernsehen fand ich eine Diskussion über die Erderwärmung, die ich mir eine Weile anhörte, obwohl nur die üblichen Beschwörungsformeln ausgetauscht wurden. Uneinig war man sich nur in der möglichen Verhinderung des Weltuntergangs. Ein Ökonom plädierte für technische Innovationen, eine sehr junge Frau mit einer Stimme, die an das

Gekreisch amerikanischer Cheerleader-Mädchen erinnerte, verlangte den sofortigen Verzicht auf alle fossilen Energieträger. Auf die Frage des Ökonomen, wie sie sich das Überleben der Gesellschaft dann vorstelle, antwortete sie mit der Frage, wie er sich vorstelle, auf der Erde bei lebendigem Leibe zu verbrennen. Ich ahnte, mit wem Artur und sein Freund Gerald es zu tun haben würden, schaltete den Apparat aus, schloss die Augen und schlief wieder ein.

Am Nachmittag rief Lady an, ob ich die Nachrichten gehört hätte oder »Spiegel online« gelesen.

Ich hatte Kopfschmerzen, sagte ich.

Die werden gleich noch schlimmer, sagte Lady, jetzt geht es deinen Freunden wirklich an den Kragen. Der Vizechef der Rechten Partei hat vom »Grünen Reich« gesprochen, und die Aufregung ist ungeheuer. Lies erstmal und ruf dann zurück.

Es war, wie Lady angekündigt hatte. Ein führendes Mitglied der Rechten Partei, das für seine rüden, die Grenze zur Strafbarkeit zuweilen streifenden Äußerungen bekannt war, hatte in einem Interview nicht nur den Zusammenhang von CO_2 und der Erderwärmung bestritten, sondern obendrein behauptet, Deutschland befinde sich auf dem Weg in eine Ökodiktatur, was in der Formulierung gipfelte: Wir marschieren geradewegs ins Grüne Reich, also genau in dem Satz, den Gerald Hauschildt bedenkenlos und zornig zuerst auf Deutsch und dann auch noch auf Englisch über Facebook verbreitet hatte. »Spiegel online« empörte sich über die Dreistigkeit, mit der die Rechte Partei, deren Wurzeln bekanntlich bis in die düsterste deutsche Geschichte zurückreichten, mit der ausgerechnet diese von Nazis durchsetzte Partei alle demokratischen Kräfte des Landes in die Nähe des Nationalsozialismus phantasierte. Diese Unverschämtheit beweise erneut die Skrupellosigkeit, mit der diese wahren Erben der deutschen Schande vorgingen, um dem Rechtsstaat zu schaden.

Ein Kommentar im Radio klang ähnlich, wenn man auch den Ausdruck »Nazi« vermied. Den überließ man der anschließenden Straßenbefragung.

Was halten Sie von dem Vergleich unseres Rechtsstaats mit einem Grünen Reich?, fragte der Reporter auf einer Kölner Straße die Passanten.

Die Antworten fielen karg aus: gar nichts, oder: ist doch Quatsch, oder: lieber grün als untergehen, bis endlich einer fragte, wer das denn behauptet hätte und dann die richtige Antwort gab: Der ist doch selbst Nazi.

Ich musste lachen, zuerst leise in mich hinein

und dann, obwohl es niemand hören konnte und es eigentlich keinen Grund zum Lachen gab, sogar laut, ohne dass ich genau wusste, was diesen Reflex in mir ausgelöst hatte. Aber es konnte ja sogar vorkommen, dass jemand hilflos und unwillentlich seinen Mund zu einem Lachen verzog, wenn er vom Tod eines Menschen hörte. Vielleicht musste ich lachen, weil die missliche Lage von Gerald Hauschildt und damit auch die von Artur sich schlagartig in eine Katastrophe verwandelt hatte, ohne dass sie selbst dazu beigetragen hatten. Weil es nun keine Rolle mehr spielte, dass Gerald jemand war, der sich mit dem Fahrrad über eine Skipiste gestürzt hatte, nur weil es verboten war, und darum auch einen leichtfertigen Satz über das Grüne Reich verbreitet hatte. Jetzt zählte nur noch, dass er und der Vizechef der Rechten Partei den gleichen Gedanken hatten, also aus dem gleichen Gedankengut schöpften, was Geralds mutwillige Verfehlung endgültig in den Rang eines Skandals erheben könnte.

Vielleicht musste ich lachen, weil das Erwartbare durch diese Wendung sich selbst übertroffen hatte. Allerdings mag auch die Gewissheit, dass mein Interesse an Artur Lanz, das für Adam und Lady so rätselhaft war, nun wirklich durch eine Erzählung über ihn gerechtfertigt werden könnte, eine Rolle gespielt haben. Denn die Hürde, die Artur nun zu überwinden hatte, um der Mann zu werden, der er zu sein wünschte, brauchte mindestens so viel Mut, wie er hatte aufbringen müssen, um seinen Hund aus dem Rapsfeld zu retten.

Wie versprochen rief ich Lady an.

Ich musste lachen, sagte ich.

Ich auch, sagte Lady, es ist komisch.

Warum eigentlich?

Weil man weiß, wie es jetzt weitergeht. Der arme Kerl, sagte Lady und lachte wieder.

Dabei hat das mit dem Grünen Reich schon in einer englischen Zeitung gestanden, und eine deutsche Zeitung hat geschrieben, dass es in einer englischen Zeitung gestanden hat, und niemand hat sich aufgeregt, sagte ich, und Lady meinte, allmählich werde die Geschichte wirklich interessant.

Es sieht so aus, als kämst du doch noch auf deine Kosten.

Sei nicht so zynisch, sagte ich, obwohl ich genau das ja selbst gedacht hatte.

Aber immerhin hatte die Zuspitzung der Ereignisse Ladys Neugier geweckt, und sie versprach, mich am Mittwoch zu dem Treffen mit Artur und Gerald zu begleiten.

Dann erzählte ich ihr von der seltsamen Ayurvedaparty am Abend zuvor und dass ich gewünscht hätte, sie wäre dabei gewesen, worauf Lady nur mit einem verächtlichen Schnaufen antwortete. Ich hatte sie nur einmal gemeinsam mit Adam und Eva zu einem Essen eingeladen, was zu einer dauerhaften gegenseitigen Abneigung zwischen Lady und Adam, vemutlich auch Eva geführt hat. Lady behauptete, Adams Allüren erinnerten sie an ihren Vater, der auch auf einfache Fragen ausufernde Vorträge gehalten hätte und das so erpresserisch leise, dass man am besten den Atem angehalten hätte, um ihn zu verstehen. Diese Bildungshuberei gehe ihr auf die Nerven. Für Adam, der sich über Lady allerdings nie geäußert hat, werden allein ihr dröhnendes Gelächter, das sich hin und wieder ihrer Kontrolle entzog, und ihr zuweilen ins Proletarische abgleitender Humor genügt haben, um sie aus dem Kreis der von ihm bevorzugten Gesellschaft auszuschließen.

Warum gehst du da auch hin, sagte Lady in einem Ton, in dem sich Missbilligung und Kränkung mischten.

Dass mich, was sie Adams Bildungshuberei nannte, für seinen akademischen Dünkel entschädigte, hielt sie wahrscheinlich für eine Schwäche von mir.

Ich sagte, dass im Licht eines solchen Ayuerveda-Abends die Geschichte von Gerald und seinem Grünen Reich doch ganz andere Konturen annehme und umgekehrt auch. Dass deutsche Damen nach Indien fliegen, sich da vegan ernähren, ölen und massieren lassen, während die Inder ins Meer scheißen müssen, weil sie keine Kanalisation haben, hätte ich sonst nicht gewusst. Und überhaupt müsse man in unserem Alter alles Leben einsammeln, wo es zu finden sei, da es uns allein nicht mehr sucht.

Überzeugt war ich von dem, was ich gerade redete, selbst nicht. Was ich auf Evas improvisierter Geburtstagsfeier über Ayurveda gelernt habe, hätte ich auch in zehn Minuten im Internet nachlesen können. Und schließlich hatte ich mein Kommen überhaupt nur zugesagt, weil mir nicht rechtzeitig eine glaubhafte Ausrede eingefallen war. Vermutlich wäre es auch klüger, im Alter über das bis dahin Erlebte gründlich nachzudenken, als den Wiederholungen des Ewiggleichen nachzujagen. Allerdings hätte ich dann nicht Eva in ihrer türkisfarbenen Verkleidung gesehen, und auch die Frage nach der Unterwerfungslust mancher Frauen wäre mir nicht eingefallen. Außerdem war sogar Lady mit meiner Erklärung zufrieden, jedenfalls widersprach sie nicht.

Ich überlegte, ob ich Artur Lanz anrufen sollte, fand die Idee aber nach einigem Zögern sinnlos. Entweder wusste er von der Äußerung des Vizechefs noch nichts, dann hätte ich ihn darüber und über die möglichen Folgen für seinen Freund erst aufklären müssen, oder er wusste es, und ich hätte mir seine Klagen über Geralds Blödheit und die vertrackte Lage, in die er selbst somit geraten sei, anhören müssen. Viel traute ich ihm nicht zu. Artur, der Held, Erbe von Artus und Lancelot, verendet in den Niederungen der Mutlosigkeit. Mir war nach Erbaulichem zumute.

Und so wandte ich mich noch einmal dem heroischen Ursprung meiner Geschichte mit Artur Lanz zu, der Legende, die seine Mutter so verzückt hatte, dass sie sie in den Namen ihres Sohnes weiterleben ließ. Ich griff nach dem ältesten und umfangreichsten der Bücher, die ich mir zu dem Thema angeschafft hatte, den Aufzeichnungen des Sir Thomas Malory, von dem man annimmt, dass er ein Ritter war, aber 1450 wegen Raubes, Mordes, Diebstahls und Vergewaltigung ins Gefängnis kam, wo er nach französischen Quellen, in deren Besitz er irgendwann gelangt war, dieses Buch über »König Artus und die Ritter der Tafelrunde« schrieb, das erst 1485 nach seinem Tod veröffentlicht wurde.

In dem französischen Buch starben Ginevra und Lancelot nicht am gleichen Tag. Aber beider Leben endeten auch hier in entsagender Frömmigkeit, ihres in einem Kloster, seines in einer Einsiedelei. Beide hatten geschworen, einander mit ihren weltlichen Augen nie wieder zu sehen. Aber als Ginevra im Sterben lag, hatte Lancelot dreimal in einer Nacht eine Erscheinung, die ihm befahl, schnell nach Almesbury zu reisen, wo er die tote Königin finden wird, und ihren Leichnam an der Seite von König Artus zu bestatten. Mit sieben Gefährten ging Lancelot zu Fuß die dreißig Meilen von Glastonbury nach Almesbury, und weil sie vom vielen Fasten und Beten geschwächt waren, brauchten sie dafür zwei Tage. Sie kamen an, nachdem Ginevra eine halbe Stunde zuvor gestorben war. In einer Sänfte, umgeben von hundert Fackeln und begleitet von Gebeten und heiligen Gesängen brachten sie die Königin nach Glastonbury und vollbrachten da in großer Inbrunst das Totenamt. Sie wurde in dreifach gewachstes Tuch aus der Stadt Raines gekleidet, in einen Bleisarg gelegt und danach in einen Marmorsarg. Und als sie neben Artus in die Erde gesenkt wurde, fiel Lancelot in Ohnmacht, weil sein Herz, so berichtet es das französische Buch, seinem Körper den Dienst versagte, als er der Schönheit und des Adels dieser beiden Menschen gedachte, die er mit seinem Stolz und seinem Hochmut ins Verderben gestürzt hatte.

Danach aß und trank er nicht mehr, er wurde immer kleiner, und sein Gesicht schrumpfte, dass ihn niemand mehr erkannte, bis er starb.

Aus dem »besten Ritter der Welt«, dem großen Liebenden, dem todesmutigen Helden war ein gottergebener Büßer geworden.

Seine Gefährten brachten ihn in sein Schloss Joyous Gard, wo er begraben sein wollte. Und da endlich fand ihn Sir Hector, sein Bruder, der sieben Jahre lang durch England, Schottland und Wales gezogen war, um seinen Bruder zu finden. Und als er Lancelot in seiner Totengestalt sah, fiel er ohnmächtig nieder. Es kann damals nicht ehrenrührig gewesen sein, dass Männer weinten oder ohnmächtig wurden. Jedenfalls liefen in den Aufzeichnungen von Sir Thomas Malory den tapfersten Rittern Tränen über die Wangen, oder sie fielen sogar in Ohnmacht, wenn ein seelischer Schmerz sie übermannte, was, wenn man dem Buch glauben durfte, häufig vorkam. In der Trauerrede seines Bruders erstand der heldenhafte Lancelot noch einmal auf, der er im Leben gewesen war, ehe er sich unter seiner Schuld selbst begrub:

»Und du warst der ritterlichste Held, der je einen Schild trug. Und du warst der treueste Freund deinem Freund, der je ein Pferd bestieg. Und du warst der treueste Liebende unter sündigen Männern, der je ein Weib geliebt hat. Und du warst der gütigste Mann, der je das Schwert gezückt hat. Und du warst der trefflichste Held, der je ins Getümmel von Rittern ritt. Und du warst der liebenswürdigste und artigste Mann, der je in der Halle bei Frauen saß. Und du warst der strengste Ritter gegen deinen Todfeind, der je die Lanze einlegte.«

Was könnte man über einen Mann Schöneres sagen? Sanftmütig und wehrhaft, treu in seiner sündigen Liebe, liebenswürdig und zurückhaltend gegenüber den Frauen – so aufgeschrieben von Sir Thomas Malory gegen Ende des 15. Jahrhunderts. Auch wenn man bezweifelte, dass Lancelot oder überhaupt ein Ritter so edelmütig, heldenhaft und ohne Fehl und Tadel sein konnte, wie das Buch behauptete, spiegelte es doch die Sehnsucht nach dem idealen Menschen, in diesem Fall dem idealen Mann, und es gab darin nichts, was meinem Bild von einem idealen Mann oder Menschen widersprochen hätte. »Der gütigste Mann, der je das Schwert gezückt hat«, das war ein Satz über Helden, der so oder ähnlich keinem Postheroen über die Lippen kommen würde. Ob es noch Helden gab, würde sich erweisen, wenn wir sie brauchten, aber, und das war das Schlimmste, wir hatten kein Bild mehr von einem Helden, schon das Wort war verdorben. Penelope Niemann dachte an Nazis, wenn sie das Wort hörte, und für Ulrike Zeisig war es ein Synonym für Krieg. Aber ebenso könnte der Held doch der edelste Entwurf von uns sein, mutig, sich selbst und seiner Liebe treu, nicht ein kriegerischer Berserker, sondern einer, der schützte und verteidigte, was er liebte, auch sich selbst. Vielleicht sogar zuerst sich selbst, denn wem könnte er noch dienen, wenn er sich aufgegeben hätte, wenn er nicht sich und seinem Traum von sich treu geblieben wäre. Aber wir waren aus Heldenverehrern zu Opferverehrern geworden. Und wenn wir schon die Helden nicht verehren wollten, weil es eben nur im Auge des Betrachters lag, ob jemand ein Held oder ein Mörder war, sollten wir doch das Heldenhafte schätzen, das irgendwo in jedem von uns schlummerte, bis außergewöhnliche Umstände es weckten, so wie es in Artur Lanz aufgeflammt war, als sein Hund, den er liebte, im Rapsfeld zu verenden drohte.

Zu solchen Gedanken verführten mich die wahrhaft erbaulichen Worte Sir Hectors auf seinen toten Bruder Lancelot.

Und mein Freund Artur? Ob er seinem Freund der treueste Freund sein würde, musste sich erweisen.

Die Empörung über den provokanten Satz des Vizevorsitzenden der Rechten Partei hielt an. Talkshows mit dem Titel »Grünes Reich oder Braunes Reich – wer bedroht uns wirklich?« oder »Meinungsfreiheit oder Hetze?« wurden ihm gewidmet. Ein Abgeordneter der um die Wählerschaft der Rechten konkurrierenden Partei forderte sogar das Verbot der Rechten Partei.

Obwohl ich die fatalen Folgen für Gerald Hauschildt vorausgesehen hatte, verwunderte mich doch die fortgesetzte öffentliche Aufregung, zumal Lady, die sich hin und wieder auf Facebook tummelte, erzählte, dass die Rede vom »Grünen Reich« da viel Heiterkeit auslöste und sich großer Beliebtheit erfreute.

Am Dienstag rief Artur an. Zu unserem Treffen am Mittwoch könne es nicht kommen, weil Gerald für eine Woche Urlaub genommen habe und nach Thüringen gefahren sei. Bratwurst essen und andere Luft atmen, hätte er gesagt. Aber es sei einiges passiert inzwischen, was mich vielleicht interessierte.

Ich schlug ihm vor, am Abend zu mir zu kommen, ich würde auch eine Suppe kochen. In Kühlschrank und Speisekammer suchte ich nach Ingredienzien für eine Suppe, die auch einem Gast zuzumuten war und mir ersparte, noch einmal das Haus zu verlassen, fand aber nur die Zutaten für eine Kartoffelsuppe mit Würstchen. Das Rezept stammte angeblich von meiner schlesischen Großmutter und hatte bisher allgemeinen Beifall gefunden.

Pünktlich um halb acht stand Artur mit einer Flasche Wein vor der Tür. Er kam mir verändert vor, vielleicht nur, weil die letzte sommerliche Bräune aus seinem Gesicht entschwunden war. Er wirkte hagerer, als ich ihn in Erinnerung hatte, obwohl unser letztes Treffen nur eine Woche zurücklag. Zum ersten Mal sah er für mich aus wie der fünfzigjährige Mann, der er war. Wahrscheinlich hat er in den Augen jüngerer Menschen schon immer so ausgesehen. Aber je älter ich wurde, umso schwerer fiel es mir, das Alter von Menschen einzuschätzen, die erheblich jünger waren als ich, weil sie für mich einfach jung waren, selbst wenn sie die Jugend längst hinter sich gelassen hatten. Aber an diesem Tag war das Jungenhafte, das mich oft gerührt hatte, aus Arturs Gesicht entschwunden, selbst sein Lächeln wirkte bekümmert.

Immerhin hatte er Appetit und lobte die Kartoffelsuppe. Sie schmecke fast so, wie er sie von zu Hause kenne, für Kartoffelsuppe sei sein Vater zuständig gewesen, sagte er. Ich sagte, dass es dann wohl stimmte, dass das Rezept von meiner schlesischen Großmutter stammte, weil Arturs Vater ja auch ein schlesischer Flüchtling war.

Erst nach dem Essen, bei Wein und Zigaretten, begann er, von den Ereignissen der letzten Woche zu erzählen. Anfangs sprach er nervös und verlor sich in für mich zusammenhangslosen Details, so dass ich Mühe hatte, mir die ganze Geschichte in ihrem Fortgang vorzustellen. Nur allmählich kam Ruhe in seinen Bericht, als würde er selbst erst beim Reden Ordnung in seine Gedanken bringen. Er sprach lange und detailreich, und wenn ich alles richtig verstanden habe, hatte sich in der letzten Woche, also noch ehe der Vizechef der Rechten Partei Geralds Lage so katastrophal zugespitzt hatte, Folgendes abgespielt:

Schon am Morgen, nachdem Gerald Hauschildt die verschärfte und diesmal auch englische Version seines gefährlichen Satzes der Facebook-Öffentlichkeit mitgeteilt hatte, gab es niemanden im Institut, der nicht davon wusste. Selbst Artur wurden Fragen zugeraunt, ob das nun wirklich nötig gewesen sei und ob er diesen Schwachsinn nicht hätte verhindern können. Andere lächelten mit hochgezogenen Brauen, was sowohl Einverständnis als auch mitleidiges Bedenken heißen konnte. Und Franziska Schwarz – Sie wissen, das ist die mit dem grünen Blut in den Adern, sagte Artur –, also Franziska Schwarz habe nur kurz vom Bildschirm aufgesehen und ihm ein »Guten Morgen« zugeworfen, das er als streng und hochmütig empfunden habe.

Als Gerald endlich kam, wandten sich alle angestrengt ihren Arbeiten zu, grüßten beiläufig, als sei nichts Besonderes vorgefallen, während Gerald demonstrativ gut gelaunt seine Jacke abwarf und fröhlich in die Runde grüßte. Obwohl ihre Arbeitsplätze dicht beieinander lagen, schrieb Artur ihm eine Nachricht über WhatsApp und gab die Frage weiter, die man ihm selbst gestellt hatte: Musste das sein? Und Gerald antwortete so laut, dass alle es hören konnten: Ja.

Artur sagte, er sei so wütend gewesen über Geralds blödsinnige Rechthaberei und auch, weil er als sein Freund mit in Haftung genommen wurde, als hätte er diesen Quatsch auf Facebook gepostet, dass er nicht wie gewöhnlich die Mittagspause mit ihm verbrachte, sondern vorgab, eine Bankangelegenheit klären zu müssen.

Ach so, sagte ich, einfach nur »Ach so« mit einem gesprochenen Fragezeichen am Ende. Gerald die gemeinsame Mittagspause zu verweigern, fand ich nicht nur unfreundlich, sondern ausgesprochen kindisch, überließ es aber lieber Artur, mein »Ach so« zu deuten.

Er zögerte, ehe er weitersprach. Ich habe ja nicht gewusst, dass am Nachmittag eine Sitzung wegen dieser Sache stattfinden soll, sagte er, sonst hätte ich bestimmt versucht, ihn zu beruhigen, obwohl das sicher sinnlos gewesen wäre. Jedenfalls wäre ich nicht weggegangen.

Aber dann habe Professor Tannenberg plötzlich dieses Meeting einberufen. Tannenberg sei eigentlich ein moderater Chef, der es vermeide, seinen Mitarbeitern unnötige Vorschriften zu machen, sagte Artur. Aber schon wie er mit federnden Schritten den Raum betrat und wie er die Tür schwungvoll ins Schloss fallen ließ, wie er dann beide Hände flach auf den Tisch presste, als wollte er sich darauf stützen, um gleich wieder aufzustehen, habe seine deutliche Missstimmung signalisiert. Allerdings hätte er, Artur, nicht sagen können, ob sich Tannenbergs Unmut wirklich gegen Gerald oder vielleicht doch gegen Franziska Schwarz richtete, die ihn sowohl über Geralds ersten als auch zweiten Facebook-Auftritt informiert und ihn so gezwungen hatte, die Angelegenheit überhaupt zur Kenntnis zu nehmen. Denn ob Tannenberg wirklich glaubte, dass dieser dumme Spruch zu internationalen Verwicklungen führen könnte, bezweifle er, es sei denn, Franziska Schwarz würde sie den französischen und finnischen Partnerinstituten oder sogar der Presse mitteilen, was ihr allerdings zuzutrauen sei. Jedenfalls sei auffällig gewesen, sagte Artur, dass Tannenberg eine Diskussion über den politischen Sinn oder Unsinn von Geralds Behauptungen gern vermieden hätte.

Es gehe um eine ernsthafte Entgleisung des geschätzten Kollegen Dr. Gerald Hauschildt, hätte Tannenberg gesagt, dem er gestern in einem Gespräch, wie er glaube, unmissverständlich erklärt habe, dass er in seinen Meinungsäußerungen absolut frei sei, solange sie nicht den Interessen des Instituts schadeten. Es gehe um die Reputation des Instituts, die internationalen Kontakte und nicht zuletzt um Geld, es gehe um Fördergelder und Gelder der Auftraggeber. Und da höre der Spaß auf.

Aber nun sei er unterrichtet worden, sagte Tannenberg – und dabei, fand Artur, hätte er einen schwer deutbaren Blick auf Franziska Schwarz geworfen –, er sei also unterrichtet worden, sagte Tannenberg, dass Dr. Hauschildt, statt es bei seinem ersten ärgerlichen Facebook-Eintrag zu belassen, aus vollkommen unverständlichen Gründen dem Ganzen die Krone aufgesetzt hat.

Öffentlich und obendrein auf Englisch. Lieber Gerald, kannst du uns das erklären?

Artur sagte, er hätte schon lange vermutet, dass Tannenberg eine geheime Sympathie für Geralds unerschrockenen Eigensinn hegte; und dass er seine offizielle Rüge beendete, indem er ihn direkt und mit dem Vornamen ansprach, war vielleicht eine letzte Handreichung, um die Sache gütlich beizulegen, und anfangs schien es sogar so, als wollte Gerald diese Hand ergreifen.

Es täte ihm wirklich leid, wenn seine Aktion dem Institut schaden könnte, sagte er und sah dabei zuerst Tannenberg an, dann die Tischreihe entlang einen nach dem anderen, von denen kaum einer seinen Blick erwiderte. Nur Franziska Schwarz wandte ihre Augen nicht von ihm und lächelte dabei, als wollte sie Gerald und allen anderen zu erkennen geben, dass sie seinen reumütigen Auftritt durchschaute.

Wovon Gerald sich aber nicht hätte irritieren lassen, sagte Artur.

Er habe das unüberlegt und in einer spontanen Gefühlsaufwallung geschrieben, hätte er erklärt, ohne dabei an die ganz praktischen Folgen für das

Institut zu denken, obwohl, das gebe er zu, Professor Tannenberg ihn auf die mögliche Rufschädigung hingewiesen habe. Er selbst habe an so weitgehende Folgen seiner doch eher witzigen Bemerkung nicht glauben können und einen finanziellen Schaden für das Institut nicht bedacht. Wenn er das tatsächlich bewirkt haben sollte, bedaure er das aufrichtig.

Artur sagte, er sei erleichtert gewesen, wenn auch verwundert. Diese fast demütige Antwort passte nicht zu Gerald, und wie er in den kleinen Pausen zwischen den Sätzen die Zähne aufeinander biss, so dass die Kieferknochen sich unter der Haut abzeichneten, ließ ahnen, wie viel Überwindung ihm dieses Bekenntnis abverlangte. Auch in den Augen von Tannenberg glomm ungläubige Spannung. Und dann kam es auch, das Aber.

Aber, sagte Gerald, immer noch ruhig, er sei nicht nur Institutsmitarbeiter, er sei auch ein Bürger, und als Bürger habe er das Recht, seine Meinung immer und überall frei zu äußern.

Tannenberg lehnte sich zurück, senkte sein Kinn fast bis zur Brust und nahm Gerald in seinen lauernden Blick. Alle anderen, die um den langen Tisch saßen, sahen verlegen auf ihre Hände oder aus dem Fenster, manche atmeten hörbar aus. Nur Navid saß etwas vorgebeugt, die dunklen Augen in seinem schmalen Gesicht dringlich auf Gerald gerichtet, als wollte er ihn so beschwören, jetzt den Mund zu halten.

Die meisten, sagte Artur, hätten gehofft, Gerald würde es bei seiner Entschuldigung bewenden lassen. Sogar wer seiner Meinung war, wollte in eine Diskussion darüber nicht verwickelt werden. Außerdem sei Gerald beliebt bei den Kollegen. Nur Franziska Schwarz hätte ihre Empörung nicht zurückhalten können und gerufen: Nicht jeder Quatsch ist eine Meinung. Aber weder sie noch Navids bittender Blick hätten Geralds Redestrom stoppen können, sagte Artur.

Als physikalisch gebildeter Bürger, sagte Gerald nun ganz ohne Demut in der Stimme, habe er seine Zweifel, dass ein nicht sehr großes, dafür dicht besiedeltes Land seinen Strombedarf aus Windmühlen decken kann. Er sei kein Stadtmensch, sondern komme sozusagen aus dem Wald, aus dem Thüringer Wald. Und wenn Bäume gefällt würden, um Platz zu schaffen für Windkraftanlagen, tue ihm das Herz weh. Und überhaupt sei das Wort Klima zu einem Zauberwort geworden und CO_2 zu einem Sesamöffne-dich für jeden Raum, für die Landschaft, für Häuser, Garagen, Wohnungen, Küchen, demnächst vielleicht für Schlafzimmer …

Artur, der neben ihm saß, zischte: Hör jetzt auf.

Aber Gerald raste gerade wieder mit dem Fahrrad über die Skipiste. Und mit jedem Meter, mit jedem Satz nahm die Fahrt Tempo auf und schwoll Geralds Stimme an.

Ja, sogar in die Schlafzimmer, vielleicht produzieren wir beim Beischlaf ja zu viel CO_2, es gibt jetzt schon Leute, die vorm Kinderkriegen warnen. Die Kinder importieren wir dann lieber aus Ländern, wo es noch zum Mannesstolz gehört, möglichst viele Nachkommen zu zeugen.

Die letzten Sätze hätte er mehr gerufen als gesprochen, sagte Artur, und sie zudem mit einem bösen Lachen garniert. Und wer weiß, wohin er sich noch verstiegen hätte, wäre Tannenberg nicht resolut eingeschritten. Wie ein Stoppschild habe er seine flache Hand in Geralds Richtung gehalten und nicht laut, aber bestimmt gesagt: Es reicht. Noch einmal: Jedem von Ihnen, nicht nur Dr. Hauschildt, steht es frei, sich eine Meinung zu dem Thema zu bilden und sie zu diskutieren, solange es die Interessen dieses Instituts nicht tangiert. Unser Ziel ist es, die negativen Auswirkungen der Windkrafttechnologie auf die Fauna zu mindern, damit sind wir Teil dieses Industriekomplexes, und es schadet unserem Ansehen, wenn die eigenen Mitarbeiter unsere Arbeit öffentlich attackieren. Die Institutsleitung wird über disziplinarische Maßnahmen Dr. Hauschildt betreffend beraten. Hat noch jemand etwas vorzubringen?

Er habe gewusst, sagte Artur, dass er jetzt irgendetwas zu Geralds Verteidigung hätte sagen müssen. Dass es die ganze Aufregung nicht gäbe, hätte Franziska Schwarz sich nicht heimlich und mit falschem Namen unter Geralds Facebook-Freunde gemischt. Denn wen interessierte es schon, wenn irgendein völlig unberühmter Mensch einen bekloppten Post über das Klima absetzt. Ohne Franziska Schwarz' Spioniererei säßen sie jetzt nicht hier, weil Gerald niemanden aus dem Institut als Facebook-Freund angenommen hat. Das hätte er sagen müssen. Andererseits hatte Tannenberg nur verlangt, die Interessen des Instituts zu wahren, was Gerald sogar eingesehen hatte. Außerdem hätte er, Artur, Geralds radikale Ansichten zu diesem Thema noch nie geteilt. Trotzdem, sagte Artur, trotzdem habe ich gewusst, dass ich etwas sagen muss.

Und haben Sie, fragte ich, haben Sie etwas gesagt?

Ja, aber eigentlich nicht, jedenfalls nicht, was ich sagen wollte.

Sondern?

Dass Gerald sich schließlich entschuldigt hätte und das bei einer möglichen Maßnahme gegen ihn berücksichtigt werden müsste. Aber sogar das sei für Franziska Schwarz, die wahrscheinlich nur Tannenbergs strenge Gesprächsführung davon abgehalten hatte, Gerald ins Wort zu fallen, sogar das sei für sie schon zu viel Nachsicht gewesen. Ein entschiedenes Nein hätte sie in die Runde geworfen, nein, mit diesem Ergebnis sei sie ganz und gar nicht einverstanden. Diese Sache müsse ausdiskutiert werden, derartig abstruse Ansichten eines Mitarbeiters von einem Institut wie diesem könnten nicht unwidersprochen hingenommen werden. Sie jedenfalls hätte ein Problem damit, wenn ein Physiker so ungeniert wissenschaftliche Tatsachen leugne.

Aber Tannenberg sei nur aufgestanden, habe seinen Stuhl mit einem Ruck unter den Tisch geschoben, dem stehe nichts im Wege, hätte er gesagt, wer diskutieren wolle, möge das tun, er habe jetzt einen Termin.

Das war's, sagte Artur, danach sind alle aufgestanden, Franziska Schwarz als Letzte. Einige sind in die Cafeteria gegangen, die meisten zurück an ihre Arbeitsplätze. Gerald hat seine Jacke und die Zigaretten gegriffen. Ich bin mit auf die Terrasse gegangen, und Navid, der gar nicht raucht, kam hinterher.

Am Tag danach hat Gerald Urlaub genommen und ist nach Thüringen gefahren.

Ich wollte wissen, wie es weitergegangen sei auf der Terrasse, zwischen Gerald und ihm und Navid. Haben Sie sich versöhnt? Und wer ist Navid? Sie haben noch nie von ihm gesprochen.

Zuerst hätten sie alle drei geschwiegen, und nach einer Weile hätte Navid gesagt, das sei ja noch mal gut gegangen, worauf Gerald erwidert hätte: Ihr kotzt mich alle an. Navid sei Perser, er sei schon als Kind nach Deutschland gekommen und über fünf Jahre im Institut. Manchmal gehen wir zu dritt ein Bier trinken, sagte Artur.

Er sah nicht glücklich aus, wie er da saß, leicht nach vorn gebeugt, die Hände um seine Knie geklammert, als wollte er sich an sich selbst festhalten.

Dabei hatte er eigentlich alles richtig gemacht, wenn man davon absah, dass es nur sein fehlender Mut gewesen war, der ihn davon abgehalten hatte, das Falsche zu tun. Denn hätte er Geralds verbalen Amoklauf unterstützt oder gar befördert, wie sein Freund es wohl von ihm erwartet hat, wäre es vielleicht doch noch zu dem Tribunal gekommen, das Franziska Schwarz angezettelt und Professor Tannenberg verhindert hat. Vielleicht aber auch nicht. Wer weiß, was passiert wäre, hätte Artur Lanz sich ritterlich vor seinen Freund gestellt wie Lady damals vor Rosi Kleinschmidt, als die für das Abspielen der Biermann-Lieder fast exmatrikuliert werden sollte; wenn also Artur seinem Namen Ehre gemacht, wie Lady das Schwert gezogen und gegen das Denunziantentum geschwungen hätte, wenn er wie Lady gerufen hätte, was hier eigentlich los sei; ob es jetzt üblich sei, einander auszuforschen und öffentlich anzuprangern. Es hätte doch sein können, dass sich alle Blicke von Gerald abgewendet und nun auf Franziska Schwarz gerichtet hätten und nicht Gerald, sondern sie sich hätte rechtfertigen müssen. So hätte es doch sein können, vielleicht.

Mir fiel eine Episode ein, die ich, wie die Geschichte mit Jesse Jackson, nie vergessen hatte. Im Sommer 1987 spielten Steffi Graf und Claudia Kohde-Kilsch im Finale des Federation Cup gegen Chris Evert und Pam Shriver. Den ersten Satz hatten die Deutschen 6:1 verloren, im zweiten stand es 4:0 gegen sie, ehe Graf und Kohde-Kilsch ihr erstes Aufschlagspiel gewannen und ihnen danach sogar ein Break gelang. Und da oder noch zwei gewonnene Spiele später soll Steffi Graf zu Kohde-Kilsch gesagt haben, jedenfalls hat die es später so berichtet: Los, die schnappen wir uns noch. Und dann haben sie gewonnen. Ich liebte solche Geschichten von verlorenen Kämpfen, die noch gewonnen wurden, dahinter steckten Heldenseelen, auch wenn es dabei nicht um Leben und Tod ging.

Immerhin schien Artur zu ahnen, was ihn gehindert hatte, das zu sagen, was er hatte sagen wollen. Der Weg in seinem Hirn vom inneren Aufbegehren bis zur dazugehörigen Tat war zu verzweigt, führte über Angst und Bedenken erst hierhin, dann dorthin und alarmierte schließlich das Sicherheitszentrum und nicht die Region für Wehrhaftigkeit. Allerdings behauptete die Hirnforschung, dass, während wir noch glauben, nach einer Entscheidung zu suchen, unser Hirn längst entschieden hat, was wir tun werden, wir also nicht frei in unseren Entscheidungen sind, eine Theorie, die mir insofern zweifelhaft erschien, als unser Hirn sich ja nur auf frühere Erfahrungen berufen kann, auf hunderttausend Entscheidungen, die wir bis dahin getroffen haben, und es darum weiß, wie wir uns entscheiden werden. Es sei denn, wir brechen aus. Und es schien, als wollte Artur ausbrechen, als suchte er einen Pfad aus seiner lebenslang eingeübten Mutlosigkeit.

Haben Sie seitdem von Gerald gehört, fragte ich.

Wir haben telefoniert. Er denkt auch, dass es jetzt erst richtig losgeht. Franziska Schwarz wird sich die Gelegenheit nicht entgehen lassen.

Und Tannenberg?

Was soll der machen? Wenn es um die Rechte Partei geht, wird er sich auch zurückhalten.

Und Sie, was werden Sie machen?

Sie wollen wissen, ob ich mich für Gerald ins Rapsfeld stürzen werde, sagte Artur und lachte. Er goss uns Wein nach, zündete sich nach einigem Zögern die nächste Zigarette an, prüfte nachdenklich die Glut.

Auf jeden Fall werde ich aber sagen, dass ich in der Klimasache nicht seiner Meinung bin, sagte er.

Umso besser, sagte ich und fügte nach einer Weile hinzu: Weil es darum nicht geht.

Zum Abschied las ich ihm noch Sir Hectors Totenrede auf seinen Bruder Lancelot vor, vor der Zeile »du warst der treueste Freund deinem Freund« machte ich eine kleine Pause und las sie besonders langsam.

Lady war über das Wochenende aufs Land gefahren, wo ihr Bruder seit Jahrzehnten ein kleines Anwesen besaß und sich nach seiner Pensionierung endgültig niedergelassen hatte. Sie hatte gefragt, ob ich mitkommen wolle, aber bei dem trübfeuchten Wetter zog mich nichts in diese karge vorpommersche Landschaft, obwohl ich den Bruder und auch seine Frau mochte und im Sommer schon einige Male besucht hatte. Ich hatte also ein ereignisloses Wochenende vor mir, räumte meinen Kleiderschrank und den Schreibtisch auf, kochte mir Nudeln mit einer Steinpilzsauce, überflog meine abonnierten Online-Zeitungen. Seit einiger Zeit las ich Zeitungen nur noch im Internet, wo ich Schriftgröße und Helligkeit nach meinen Bedürfnissen regulieren konnte, weil meine Augen inzwischen älter waren als mein Verstand, so hoffte ich jedenfalls. Ich fand wieder einmal einen interessanten Artikel über Helden und, wie der Autor meinte, die grassierende Heldensehnsucht in der Gegenwart. Überhaupt schien sich plötzlich alle Welt für Helden zu interessieren. Jedenfalls stieß ich, seit Artur mich auf die Heldenspur gelockt hatte, ständig auf Artikel in Zeitungen, Dokumentationen im Fernsehen, Anzeigen für eine Ausstellung, sogar auf die Vorlesungsreihe einer Universität, die alle den Helden der Vergangenheit oder ihrem gewandelten Bild unter uns Postheroen nachspürten. Das Wort »postheroisch« hatte offenbar nicht nur für meine Ohren einen aufreizenden Klang, wobei, soweit ich das verfolgen konnte, die meisten Interpreten sich zu dem postheroischen, also Gewalt verachtenden, dem gedanklichen Austausch vertrauenden Heldentum bekannten, das in dem Gegner keinen Feind sah, sondern einen Verhandlungspartner. Ich hingegen hielt es eher mit Adams These, dass man nicht selbst entscheidet, ob man einen Feind hat, sondern der Feind. Wer mich zum Feind erkoren hat, den er besiegen, schlimmstenfalls vernichten will, ist auch mein Feind, ob ich will oder nicht, es sei denn, ich kann den Grund seiner Feindschaft beseitigen, indem ich ihm gebe, was er von mir haben will. Wenn das Objekt seiner Begierde aber ein Objekt meiner Liebe ist, muss ich es verteidigen und bin zum Kampf gezwungen, dann muss ich siegen wollen, auch mit Gewalt. Aber es schien, als ließe die untilgbare Schuld des letzten Krieges die einfache Logik solcher Gedanken in den Köpfen der Deutschen nicht mehr zu. Krav Maga war eben eine israelische Erfindung, die keine Regeln kannte außer der einen: Du musst dein Leben verteidigen. Nie wieder Opfer sein, das hatten die Juden aus diesem Krieg gelernt. Der Irrwitz der Geschichte war, dass ich unter den Nachfahren ihrer Mörder genügend Leute kannte, die ihnen gerade das verübelten.

Aber immerhin hatte ich mit meiner Grübelei über das Heldentum auch Adam infiziert. Eines Nachts schickte er mir eine Mail, die außer einem Gruß nur einige kopierte Seiten aus Fontanes »Stechlin« enthielt und die Aufforderung, darüber nachzudenken. Auch der alte Fontane, schrieb Adam, hielt das Heldentum für ein des Nachdenkens wertes Thema. Ich suchte in meinem Exemplar vom »Stechlin« das von Adam empfohlene Kapitel, fand es im letzten Viertel, kurz bevor Dubslav stirbt. Darin bekennt der alte Stechlin seinem Freund, dem Pfarrer Lorenzen, seine Liebe zum Heldischen, dem Lorenzen sein Bild vom »echten und rechten Heldentum« entgegenstellt, ein Heldentum, »das nicht auf dem Schlachtfelde zu Hause« ist, »das keine Zeugen hat oder doch immer nur solche, die mit zugrunde gehen«. Als Beispiel erzählt die Geschichte von einem

Leutnant Greeley, Nordpolfahrer, der nach langer Irrfahrt mit den letzten vier seiner Leute das Schiff verlassen hatte und zu Fuß die nächste menschliche Behausung erreichen musste. Ihre Vorräte, hatten sie ausgerechnet, reichten bei sparsamster Kost bis zu ihrem Ziel. Alle waren ausgezehrt und schwach, der kräftigste von ihnen trug den Proviant. Irgendwann bemerkte Greeley, dass der Vorrat schneller abnahm als berechnet, und dass der Träger, wenn er sich unbeobachtet fühlte, sich davon bediente. Er beriet mit den drei Gefährten, was zu tun sei, eine übliche Bestrafung war nicht möglich, für einen Kampf waren sie zu schwach, und so beschloss Greeley mit Zustimmung der anderen, den Dieb zu töten. Er trat von hinten an ihn heran und erschoss ihn. Mit den letzten Bissen ihres Proviants erreichten sie ihr Ziel und waren gerettet. Zurück in New York, kam es zu einer großen Verhandlung, in der Greeley »freigesprochen und im Triumph nach Hause getragen« wurde.

Der Diebstahl wäre unter anderen Umständen ein Nichts gewesen, erklärt Lorenzen, unter diesen Umständen aber war er ein fluchwürdiges Verbrechen. Und so hätte Greeley gegen die geschehene schwere Tat die schwere Gegentat auf sich genommen. »In solchem Augenblicke richtig fühlen und in der Überzeugung des Richtigen fest und unbeirrt ein furchtbares Etwas tun, ein Etwas, das aus einem Zusammenhange gerissen, allem göttlichen Gebot, allem Gesetz und aller Ehre widerspricht, *das* imponiert mir ganz ungeheuer und ist in meinen Augen der wirkliche, der wahre Mut.«

Mich wunderte, dass ich mich an diese Szene nicht erinnerte. Juristisch war die Sache klar, Greeley war der Kapitän, somit auch legitimer Richter, und er war verantwortlich für seine drei Gefährten, denen er so das Leben gerettet hat. Seine Heldentat war nicht der Schuss in den Rücken des Diebes, sondern sein einsamer, furchtbarer Entschluss. Dubslav von Stechlin legte nach einigem Schwanken seine Hand auf die seines Freundes und sagte: »Sie sollen recht haben.«

Er hat wohl recht, dachte auch ich, obwohl ich die Geschichte so abstoßend wie großartig fand und es mir schwerfiel, sie mit meinem Verständnis von Heldenmut in Einklang zu bringen. Ich fragte mich nur, was Adam mir damit sagen wollte. Wie lächerlich es war, in einer Figur wie Artur Lanz nach Heldenmut zu suchen? Oder umgekehrt: Selbst in einem solchen Leben diese Art Mut zu finden, die, wenn schon nicht das Verbrechen, so doch das Hässliche streift? Nun wohnte Arturs Hunderettung weder das eine noch das andere inne. Für mich war sie ein kleines und ziviles Beispiel für Opfermut aus Liebe. Liebe und Opferbereitschaft, das waren überhaupt die beiden Pole, zwischen denen ich das Heldentum für mich angesiedelt hatte. Aber was liebte Leutnant Greeley? Seine ihm anvertrauten Gefährten? Sein Gewissen, also sich selbst?

Ich rief Adam an. Nein, nein, er habe mir nichts Bestimmtes signalisieren wollen. Nur hätte ich ihn mit meinen Fragen inspiriert, selbst ein bisschen nachzudenken, und da sei ihm diese Fontane-Passage wieder eingefallen. Ist sie nicht großartig, sagte er, diese gewaltige, einsame Entscheidung, die alles riskiert. Es ist die dunkle Seite des Heldentums.

Jaja, sagte ich und überlegte noch, wie ich mein Unbehagen artikulieren könnte, ohne Greeleys Heldenmut grundsätzlich anzuzweifeln.

Ah, sagte Adam, diese Art von Heldentum ist dir wohl zu martialisch, ein Schuss in den Rücken, das geht zu weit. Oder?

Es kommt darauf an, sagte ich, in diesem Fall nicht. Aber es gibt nicht nur die dunkle, sondern auch die schwarze Seite des Heldentums. Kennst du »Die Maßnahme« von Brecht? Da erschießen drei Genossen ihren Gefährten, weil er einen Fehler gemacht hat, durch den sie selbst gefährdet werden.

Vorher überzeugen sie ihn von der Notwendigkeit seines Todes, und er ist einverstanden. Sie halten ihn im Arm und trösten ihn, während sie ihn erschießen. Dann werfen sie ihn in eine Kalkgrube, damit seine Leiche nicht identifiziert werden kann und sie ihre kommunistische Überzeugungsarbeit fortsetzen können. Sind das auch Helden?

Adam stöhnte kurz auf. Oh Gott, die Lehrstücke. »Die Maßnahme« sei ein furchtbares Beispiel Brechtscher Propagandadialektik. Das könne man mit dem Fontane-Stück doch nicht vergleichen, literarisch nicht und schon gar nicht im Welt- und Menschenbild. Fontane beschreibt die schwere, eben das Verbrechen streifende Entscheidung eines einzelnen Menschen. Bei Brecht geht es um das Kollektiv, die Partei, die Welt, die Revolution, die Weltrevolution.

Ich sagte, die drei Genossen hätten sich ebenso wie Greeley in einer existenziellen Situation befunden. Ihr Leben hing vom Tod des vierten ab. Sie hätten ihn ja nicht aus Hass erschossen, sondern sozusagen in Notwehr …

Nein, nein, unterbrach mich Adam, da ging es um etwas anderes. Wenn ich mich richtig erinnere, hätten sie gemeinsam fliehen können. War es so, du hast es ja offenbar gerade noch einmal gelesen.

Vielleicht, aber er hatte seine Maske zerrissen. Sie

waren in China, aber keine Chinesen, man hätte ihn erkannt und sie wären alle enttarnt gewesen.

Meine Güte, was für ein konstruierter Schmarrn. Adam lachte. Nein, sie haben ihn umgebracht, weil sie weiter agitieren wollten. Heißen sie im Stück nicht »Die vier Agitatoren« oder so ähnlich? Greeley war als Kapitän verantwortlich für seine drei Leute, die mit ihm verhungert wären, wenn er den niederträchtigen Dieb nicht erschossen hätte.

Ich war noch nicht überzeugt. So sehen wir das, sagte ich, aber die drei Agitatoren fühlten sich ebenso im Recht wie Greeley. Der vierte wollte sich der gemeinsamen Aktion nicht fügen und hat dadurch alle in Gefahr gebracht. Es gibt einen Unterschied, das weiß ich, aber wo liegt er?

Greeley hat nach dem Gesetz gehandelt, er war der Kapitän und damit der Vertreter des Gesetzes. Und er hat sich dem Gericht gestellt und wurde freigesprochen.

Die drei Genossen mussten sich auch verantworten und wurden freigesprochen.

Von wem?

Von dem Kontrollchor.

Das waren aber doch auch Genossen und nicht das Gesetz. Hör mal, meine Liebe, Adam wechselte plötzlich die Tonlage, ich rufe dich in einer halben

Stunde wieder an und lese bis dahin mal in diesem Schauerstück, damit ich mich genauer erinnere.

Währenddessen blätterte ich auch ziellos in den Seiten, las hier und da, blieb an den Zeilen hängen, die mir wie die Botschaft des ganzen Stücks erschienen:

»Versinke in Schmutz
Umarme den Schlächter, aber
Ändere die Welt: sie braucht es.«

Das war etwas anderes als die Entscheidung von Greeley: Die ganze Welt ändern. Um die Welt zu ändern, ist jedes Mittel recht, hieß das. Der Zweck heiligt die Mittel, hieß das. Und was der Zweck ist, entscheidet wer?

Ich bedauerte, nicht mit Lady aufs Land gefahren zu sein, statt mir schon wieder den Kopf über dieses unergründliche Heldenthema zu zerbrechen. Nach einem langen Spaziergang gegen den Wind wieder in das gut geheizte und nach Kaffee duftende Haus kommen, durch die große Fensterfront auf der Südseite zusehen, wie sich die Bäume dem Wind beugen, oder in das Kaminfeuer starren und Gespenster darin suchen, irgendwelche Dorfgeschichten anhören oder sich über die neuesten Erfolge von Ladys Nichten freuen, nach ein paar Gläsern Wein nachts noch einmal vor die Tür treten und am klaren Himmel den Mond bestaunen, bevor man müde ins Bett fällt. All diese schönen, seltenen Alltäglichkeiten. Ich hätte doch mitfahren sollen, dachte ich.

Pünktlich nach einer halben Stunde meldete sich Adam zurück. Er sei jetzt wieder im Bilde, und außerdem sei er davon überzeugt, dass dieses Schlitzohr Brecht die Fontane-Passage natürlich gekannt hat. Er konstruiere den Konflikt ganz ähnlich, daher auch meine Verwirrung. Vier Gefährten,

Fünf, korrigierte ich, bei Greeley sind es am Anfang fünf.

Egal, also vier oder fünf Gefährten, einer schert aus der Gemeinschaft aus mit tödlichen Gefahren für die anderen, eine unter den konkreten Umständen nur radikal zu klärende Situation, genau wie bei Fontane. Aber wer ist bei Brecht der Held, fragte Adam, wer ist Brechts Greeley?

Die drei Genossen, das Kollektiv, sagte ich.

So ist es, sagte Adam zufrieden, kollektive Täter, kollektive Richter und dahinter das ganz große Kollektiv, die Partei. Aber nirgends ein Held, weil es kollektive Helden nicht gibt. Ein Held ist ein Einzelner, darin besteht sein Heldentum. Das ist nicht die schwarze Seite des Heldentums, meine Liebe, das ist das organisierte Inhumane, dem der Einzelne nichts gilt. »Der Bataillonsmut, der Mut in der Masse (bei allem Respekt davor), ist nur ein Herdenmut«, lässt Fontane seinen Pastor Lorenzen sagen. So ist es.

Ich zündete mir gerade eine Zigarette an, was meine Antwort verzögerte und von Adam wohl als mangelnde Zustimmung ausgelegt wurde.

Oder siehst du das anders, fragte er ungeduldig.

Nein, nein, antwortete ich so hastig, dass ich mich am Rauch verschluckte und husten musste. Natürlich sähe ich das ganz ähnlich, das ändere nur nichts daran, dass Heldentum ein leicht zu kapernder Begriff sei. Und wenn Adams Vermutung stimme, dass Brecht die Greeley-Geschichte gekannt und in seinem Sinn einfach umgemünzt hat, sei das der beste Beweis dafür.

Welcher Begriff lässt sich nicht kapern, sagte Adam, Frieden, Freiheit, Menschenrechte … Du bist doch aus dem Osten, denk nur an euren antifaschistischen Schutzwall, alberner ging es doch gar nicht. Natürlich kann der Begriff gekapert werden, aber der Mythos vom Helden, dem außergewöhnlichen Einzelnen, der bleibt.

Dieser ermutigenden Aussicht wollte ich nicht mehr widersprechen. Wir redeten noch über Alltägliches, Adam klagte über die ayurvedische Kost, mit der Eva ihn seit ihrer Indienreise malträtiere, ich erzählte von meiner drohenden Mieterhöhung und dass ich vor zwei Tagen beinahe meine Wohnung in Brand gesetzt hätte, weil ich eine Rinderbrühe auf dem Gasherd vergessen hatte. Adam schlug vor, am Dienstag auf ein Glas Wein vorbeizukommen, Dienstag sei Evas Yogatag.

Nur, wenn wir nicht über Helden sprechen, sagte ich.

Die Tage waren kurz und dunkel, eine ostwärts ziehende Regenwand hatte seit gestern Berlin erreicht. Ein Sturmtief der Windstärke elf tobte über Westdeutschland und zog dem Regen hinterher. Mit Bildern von entwurzelten Bäumen wurde vor dem Betreten von Wäldern gewarnt, Klimaspezialisten sagten für die Zukunft Extremwetterlagen von unbekanntem Ausmaß voraus, wozu allerdings inzwischen jedes Wetter Anlass bot, ganz gleich, ob kalt, warm, nass oder trocken. Und immer ging es um CO_2 und die notwendige Transformation aller unserer Lebensumstände. Tatsächlich war in den Zeitungen von der »großen Transformation« zu lesen, die uns bevorstand. Ich wunderte mich, warum nicht allein diese Formulierung die Menschen in Angst und Schrecken versetzte, warum ihnen bei der Ankündigung einer Transformation ihres gesamten Lebens nicht wie mir reflexhaft die Namen Stalin, Mao und Pol Pot einfielen. Vielleicht musste man wirklich die Erfahrung mit so einer Transformation gemacht haben, um ihren Ausgang zu fürchten. Für mich, Lady und offenbar auch für Menschen wie Gerald Hauschildt klang das jedenfalls wie eine unverhohlene Drohung.

Ich zog mich zurück in Fontanes melancholische, altersweise Weltbetrachtung, die bei aller Wehmut des Abschieds, die den »Stechlin« durchzog, für mich etwas Tröstliches und Beruhigendes enthielt. Die Abwesenheit von Bosheit, ohne unscharf zu sein, und der gelassene Blick auf die Vergänglichkeit alles Irdischen, die eigene eingeschlossen, dementierte wenigstens für die Dauer der Lektüre den Absolutheitsanspruch der Gegenwart, die wie alle Zeiten vor ihr auf ein kurzes Kapitel in der Geschichte schrumpfte, auf das ein anderes folgen würde. Ich lag, in eine leichte Wolldecke gehüllt, auf dem Sofa und las. Ab und zu, wenn die Augen müde wurden, sah ich durch das Fenster in den fast anthrazitfarbenen Himmel, aus dem ein schwerer Regen fiel, und dachte, dass es ein schönes Wetter war für diese Stunde, viel schöner, als würde jetzt die Sonne scheinen und warme Frühlingsluft mich auf die Straße locken. So blieb ich ruhig und geschützt in Fontanes märkischen Gefilden und fragte mich wieder einmal, warum ich es nicht schaffte, die Zeitungen und überhaupt alle Überbringer täglicher Nachrichten zu meiden und stattdessen den Rest meines Lebens in so anregender wie beglückender literarischer Gesellschaft zu verbringen, zumal es am Verlauf der Ereignisse nicht das Geringste änderte, ob ich mich über den Gang der Welt erregte oder nicht, und ich wahrscheinlich nicht einmal mehr erfahren würde, wohin die Reise gegangen war. Zwei Tage verbrachte ich in diesem Seelenfrieden, während der angekündigte Sturm über die Stadt herfiel und alles durch die Straßen fegte, was nicht schwer genug oder fest verankert war, der Autos unter Bäumen begrub und Menschen um ihr Leben fürchten ließ. Ich genoss in meiner Sofahöhle das Pfeifen, Jaulen und Stöhnen des Windes, nur ab und zu warf ich einen Blick durch das Fenster auf die Birke gegenüber, deren kahle Zweige sich vom Sturm widerstandslos hin- und herpeitschen ließen.

Am Abend des zweiten Tages meldete sich Artur Lanz. Er wäre eigentlich gern vorbeigekommen, aber bei dem Wetter …

Nein, nein, bleiben Sie unbedingt zu Hause, sonst fällt Ihnen noch ein Ziegel auf den Kopf, sagte ich, weniger aus Sorge um Arturs Unversehrtheit als um meinen kurzen weltabgewandten Frieden.

Er wolle mir auch nur sagen, dass es nun losgehe. Gerald sei zurück aus Thüringen, und wie erwartet habe Franziska Schwarz darauf bestanden, die Angelegenheit mit dem Grünen Reich noch einmal zu verhandeln.

Und wie geht es Ihrem Gerald, fragte ich.

Der ist bester Laune, sagte Artur, wie immer, wenn er aus Thüringen kommt. Er wandert da tagelang, meistens allein; und auch wegen der alten Freunde und der Familie, die halten sehr zusammen. Er hat mir mal erzählt, dass seine Eltern ihn Gerald genannt haben, weil im Russischen Geroj Held heißt.

Ich sagte, da hätten Geralds Eltern und seine Mutter ja ganz ähnliche Träume gehabt und ob er Gerald auch erzählte hätte, warum er Artur hieß.

Nein, hätte er nicht, das wäre ihm peinlich gewesen, weil es ja im Osten etwas ganz anderes bedeutet hätte, wenn man seinen Sohn Held nannte, nicht nur so eine romantische Heldensehnsucht wie die seiner Mutter. Aber bestimmt habe die Familie Gerald auch jetzt ermutigt, sich nicht unterkriegen zu lassen. Jedenfalls komme er ihm nicht so vor, als zitterten ihm die Knie.

Schade, dass ich ihn nicht kennengelernt habe, sagte ich, auf jeden Fall viel Glück …

Deshalb rufe er auch an, unterbrach mich Artur, morgen bestimmt nicht, da wollten sie, egal wie die Sache ausgehe, erst einmal kräftig zuschlagen. Aber übermorgen würden sie, Gerald und er, mich gern zum Essen einladen oder in eine Bar, was mir lieber sei.

Ich entschied mich für die Bar, ob er die »Marlene« kenne, da dürfe man rauchen, und ob ich vielleicht meine alte Freundin Lady mitbringen könne, die sei eine Kämpferseele wie Gerald.

Lady und ich trafen uns eine halbe Stunde vor der verabredeten Zeit. Wir waren die ersten Gäste, aber Lady meinte, auf dieses ungewöhnliche Rendezvous müssten wir uns erst einstimmen. Marlene brachte die üblichen White Ladys.

Warum sitzt ihr nicht an eurem Stammplatz, fragte sie.

Wir haben ein Date, sagte Lady.

Ein Date? Um Marlenes Mundwinkel zuckte es, aber sie beherrschte sich.

Wir sind mit unseren Söhnen verabredet, sagte Lady.

Marlene lächelte erleichtert.

Wir brauchen vier Stühle und eine ruhige Ecke, in der man sich unterhalten kann, erklärte ich, und Marlene wandte sich wieder zufrieden dem Putzen ihres blitzenden Tresens zu.

Söhne, sagte ich und lachte leise, so dass Marlene es nicht hören konnte.

Lady zuckte nur mit den Schultern.

Anni hat angerufen, sagte ich, sie kommen nicht zu Weihnachten, vielleicht im Januar oder Februar.

Dann machen wir eben wieder eine Ente, sagte Lady, esse ich sowieso lieber als Gans.

Artur und Gerald kamen früher als erwartet. Sie machten einen übermütigen Eindruck, als hätten sie seit gestern durchgefeiert. Vielleicht waren sie auch nur verlegen. Gerald sah wirklich aus, wie Artur ihn beschrieben hatte, nicht sehr groß, athletisch, ein bisschen wie der jüngere Jack Nicholson. Ich sagte, dass wir sie, um Marlenes Neugier zu befriedigen, als unsere Söhne angekündigt hätten, und allein die Behauptung eines familiären Zusammenhangs löste unsere leichte Verlegenheit in Gelächter auf.

Wir bestellten vier Gin Tonic, und Marlene sagte: Nette Söhne. Wer gehört denn zu wem?

Ich zeigte auf Artur, der gehört zu mir.

Glückwunsch, sagte Marlene, und zu Lady: Dir natürlich auch.

Ich wartete, bis Marlene den Aschenbecher ausgewechselt hatte, und fragte dann endlich: Wie ist denn das große Scherbengericht nun ausgegangen? Offenbar gut, wenn mich der Eindruck nicht täuscht.

Artur und Gerald sahen sich an, Gerald lachte,

es klang höhnisch, sogar verächtlich. Wie man's nimmt, sagte er, ich war ja auf einiges vorbereitet, aber nicht auf alles. Am Anfang sei es noch ganz moderat zugegangen. Tannenberg habe sich zurückgehalten …

Tannenberg ist unser Institutsdirektor, wollte Artur Lady aufklären, und ich sagte, dass Lady alles wisse, was ich weiß, und Gerald ruhig weiterreden könne.

Also, Tannenberg hat nur mitgeteilt, sagte Gerald, dass einige Mitarbeiter verlangt haben, nach der Äußerung des Vizechefs der Rechten Partei meine Haltung noch einmal grundsätzlich zu erörtern, und hat dann Franziska Schwarz das Wort übergeben.

Also Tannenberg wollte sich raushalten, das war klar, sagte Artur.

Ja, das hätte nur nichts geholfen, sagte Gerald. Aber sogar Franziska Schwarz sei für ihre Verhältnisse anfangs noch ganz sachlich geblieben. Sie hätte wissen wollen, ob er angesichts der peinlichen Gesellschaft, in die er nun geraten sei, seine Äußerungen nicht doch noch einmal überdenken und sich davon distanzieren wolle, auch öffentlich.

Wie öffentlich, fragte Lady, vor wem?

Er sollte auf Facebook deutsch und englisch erklären, dass er mit den Rechten nichts zu tun haben will und darum seine Formulierung vom Grünen Reich bedauert und zurücknimmt, sagte Artur.

Und da musste niemand lachen?, fragte ich. Das hätte doch alles nur schlimmer gemacht, er hätte doch das, was er nicht hätte schreiben dürfen, noch einmal schreiben müssen, auf Deutsch und Englisch.

Außer mir hat niemand gelacht, sagte Gerald mit einem kurzen Blick auf Artur. Er nahm einen kräftigen Schluck vom seinem Gin Tonic. Das habe er nun auf keinen Fall versprechen können. Schließlich hat er die Formulierung zuerst gebraucht, und davor hatte sie sogar schon in einer englischen Zeitung gestanden. Allerdings hat das auf Franziska Schwarz keinen Eindruck gemacht, sagte Gerald, im Gegenteil, sie behauptete, wenn ich die Formulierung zuerst gebraucht hätte, beweise das nur, wie tief das rechte Gedankengut schon in mich eingedrungen sei. Und dann hätte sie einen Brief aus der Tasche gezogen, ihn langsam auseinandergefaltet und dann noch genüsslich glattgestrichen. Sie habe hier ein Schreiben von der medizinischen Fachschule, für die Doktor Hauschildt seit drei Jahren bekanntlich einen Lehrauftrag hat, in dem mitgeteilt werde, dass man für den Fall, dass Dr. Gerald Hauschildt sich nicht überzeugend und öffentlich von seinen wissenschaftsfeindlichen und von der Rechten Partei inspirierten Äußerungen distanziere, sich gezwungen sehe, seine Lehrtätigkeit an dieser Fachschule zu beenden. So, Gerald, willst du es dir nicht doch noch einmal überlegen, hätte sie danach gefragt.

Bis dahin hatte Gerald sehr beherrscht und leise gesprochen. Überhaupt hatte ich ihn mir nach Arturs Schilderungen hitzköpfiger, auch derber vorgestellt, eben wie einen, der mit dem Fahrrad über eine Skipiste fährt, nur weil es verboten ist. Erst in den letzten Sätzen verriet ein leichtes Vibrieren seiner Stimme etwas von seiner Erregung oder Wut.

Natürlich konnte nur Franziska Schwarz dahinterstecken, sagte Gerald, woher sonst hätte die Fachschule von seinem Facebook-Post wissen sollen? Aber nach dem Verlesen dieses Briefs sei allen klar gewesen, dass er nicht zu retten war, wenn er jetzt nicht nachgab.

Und für eine Weile sei es ganz still im Raum gewesen, erzählte Artur, wahrscheinlich haben alle erst einmal darüber nachgedacht, was das für sie bedeutet und wie sie sich nun verhalten sollen. Das sei auch für ihn der Augenblick gewesen, in dem er sich entscheiden musste.

Was, da erst?, rief Lady. Zwischen wem wollten Sie sich denn entscheiden?

Gerald schüttelte den Kopf, lachte und sagte: Das wusste er wahrscheinlich selbst nicht.

Er meine doch nicht entscheiden zwischen Gerald und Franziska Schwarz, sagte Artur, sondern ob er noch versuchen sollte zu vermitteln oder nicht. Aber dann sei ihm klar gewesen, dass es nichts mehr zu vermitteln gab.

Lady sog geräuschvoll den restlichen Gin Tonic durch den Strohhalm, verzichtete aber wenigstens darauf, die Zitronenscheibe auszulutschen.

Sie sah verständnislos von Artur zu Gerald, wieder zu Artur.

Welcher Loge gehört diese Franziska Schwarz denn an, dass sie Ihr Institut und auch noch die Fachschule beherrschen kann?

Die ist gut vernetzt, sagte Gerald, wie genau wisse er auch nicht, in irgendwelchen Umweltorganisationen, jedenfalls hat sie gute Beziehungen zur Presse.

Darum ist Tannenberg auch so vorsichtig, sagte Artur.

Ich winkte Marlene, die gerade mit einem jungen Paar am Tresen plauderte. Die beiden Männer bestellten Long Island Ice Tea, was Marlene wohlwollend zur Kenntnis nahm, Lady und ich blieben bei harmloseren Mixturen, zumal wir ein Getränk Vorsprung hatten.

Also, weiter, sagte Lady, wie ging es weiter.

Gerald meinte, das solle lieber Artur erzählen, er selbst sei nach dem Brief erst einmal schockiert und dann zunehmend so wütend gewesen, dass er gar nicht alles mitbekommen hätte.

Es ist ganz langsam losgegangen, sagte Artur. Zuerst meldete sich Tobias, der Jüngste im Institut, erst seit einem Jahr dabei, und sagte, er könne nicht verstehen, dass Dr. Hauschildt nicht selbst das Bedürfnis habe, sich von rechten Positionen zu distanzieren, worauf Gerald sagte, dass sein Post noch keine rechte Position war, als er ihn geschrieben hat, worauf jemand, ich weiß nicht mehr wer, gerufen hat, natürlich sei das rechts gewesen, sonst würden die Rechten das ja nicht auch sagen, worauf Gerald nun laut gelacht und gefragt hat, ob man denn morgen das Institut schließen würde, wenn irgendein Rechter auf die Idee käme, einen Duftstoff für die Beschichtung von Rotorblättern zu entwickeln, um Vögel und Fledermäuse zu retten.

Und dann ging es erst richtig los, sagte Gerald und schien zumindest nachträglich seine Freude an dem Spektakel zu haben. Auch Artur sprach so temperamentvoll und leidenschaftlich, wie ich es noch nie an ihm erlebt hatte, was vermutlich auch an dem Long Island Ice Tea lag, der langsam seine Wangen rötete.

Ja, dann ging es richtig los, wiederholte Artur, Franziska Schwarz rief empört, das sei typisch, die übliche rechte Demagogie, dass zwei mal zwei angeblich nicht mehr vier sein soll, nur weil die Rechte es sagt. Aber auf diesem Niveau argumentiere Dr. Hauschildt ja nicht zum ersten Mal. Auch sie habe vieles bisher als Scherz abgetan, was ihr aber nun, nach dieser Grenzüberschreitung, auch in anderem Licht erscheine, sagte sie und sah dann so lange in die Runde, bis sich endlich Bettina Hartke meldete.

Ach ja, meine Freundin Bettina. Geralds Lachen klang enttäuscht und verächtlich zugleich. Er hätte immer geglaubt, sagte er, es sei Spaß gewesen, dass sie ihn jedes Mal, wenn er von Physikern, Mitarbeitern, Sportlern oder Politikern gesprochen hat, korrigiert und ein Innen drangehängt hat. Aber nein, rief er, es war ihr heiliger Ernst. Sie fühle sich von mir persönlich herabgesetzt und es sei auch irgendwie ein Zeichen für mein rechtes Gedankengut, wenn ich aus Prinzip die Frauen nicht benennen würde, behauptete sie plötzlich. Er griff, als wolle er so seinem Unverständnis Nachdruck verleihen, entschlossen nach seinem Glas.

Du lieber Gott, seufzte Lady, womöglich glaubt die das sogar. Sie hätte neulich eine bekannte Lyrikerin im Radio gehört, es ging um Verkaufszahlen und Nachfrage, und diese Lyrikerin habe dann von den engagierten Verlegerinnen und Verlegern, Lektorinnen und Lektoren, Lyrikerinnen und Lyrikern gesprochen, und schien nicht das geringste Gefühl dafür zu haben, wie komisch das klang. Eine Lyrikerin! Und an Gerald gewandt sagte sie: Umgekehrt ist es, dieses Innen und diese dämlichen Sternchen sind eine Beleidigung. Ich jedenfalls habe mich auch ohne diesen Quatsch noch nie unsichtbar gefühlt.

Die Bar hatte sich inzwischen zur Hälfte gefüllt, an einem Tisch in unserer Nähe saßen vier Männer, die mit ihren Lachsalven den Geräuschpegel im Raum erheblich anhoben, so dass auch wir notgedrungen zum anschwellenden Lärm einige Dezibel beitrugen.

Während die beiden Männer sprachen, sahen Lady und ich uns hin und wieder an und versicherten uns so unserer Erinnerungen, nicht nur an Rosi Kleinschmidt und ihre Biermann-Lieder, sondern auch an ähnliche Erlebnisse, die wir später, wenn auch nicht mehr gemeinsam, hatten. Ich glaubte zu verstehen, warum wir vier hier saßen, zwei alte Frauen und zwei nicht mehr junge Männer, worin der Sinn dieser seltsamen Verabredung lag, die wir meinten, sogar vor Marlene als ein Treffen von Müttern und Söhnen tarnen zu müssen, und warum

Artur Lanz und ich nach unserer zufälligen Begegnung das Gespräch überhaupt fortgesetzt hatten, warum er glaubte, ausgerechnet ich könnte der richtige Adressat für sein Dilemma sein. Der am wenigsten schmeichelhafte Grund war, dass alte Frauen ungefährlich sind. Sie sind keine Konkurrenten und verbinden mit einer zufälligen Bekanntschaft auch keine unerwünschten Hoffnungen. Vor allem aber waren wir für Gerald und besonders für Artur eine Erinnerung, die sie selbst nicht haben konnten. Wir wussten, wie sie aussahen, die Schweigenden oder Eifrigen, die Ängstlichen und die Ehrgeizigen in dieser Runde um den langen Versammlungstisch, wir konnten uns erinnern, wie so ein Markus klang, von dem Artur gerade berichtete, wie der mit Verständnis heuchelnder Stimme Gerald animiert hätte, doch zuzugeben, dass er zu extremen Ansichten neige, auf denen er uneinsichtig beharre, und vielleicht gar nicht wisse, aus welchen Quellen sie sich speisten. Du weißt, Gerald, hätte dieser Schleimscheißer dann noch gesagt, dass wir dich und deinen Humor alle mögen, aber diesmal bist du wirklich zu weit gegangen.

Rums, rief Gerald, und schlug dabei mit der Faust auf den Tisch, mein Freund Markus, alles meine Freunde, bis gestern.

Und Sie, Artur, sagte ich, was war mit Ihnen, ich vermisse Sie in der Geschichte.

Keine Sorge, der hat seinen Auftritt noch, sagte Gerald und klopfte dabei Artur anerkennend auf die Schulter.

Artur sagte, er hätte es ein paarmal versucht, sei aber von Franziska Schwarz immer abgewürgt worden, auch zu Markus hätte er etwas sagen wollen, aber da sei Gerald ihm zuvorgekommen. Was Markus mit den finsteren Quellen und extremen Ansichten denn meine, hätte er wissen wollen, und ob er schon ein Extremist sei, nur weil er diesen Sprachzirkus nicht mitmache und eine Zukunft im Grünen Reich prognostiziert habe, wo doch gerade Franziska Schwarz von einer Zukunft im Grünen Reich träume. Mit jedem Satz sei Gerald wütender und lauter geworden.

Plötzlich habe Professor Tannenberg sein Telefon aus der Tasche gezogen und so getan, als hätte er einen Anruf oder eine wichtige Nachricht bekommen, und habe mit einer entschuldigenden Geste den Raum verlassen.

Und nun konnte Franziska so richtig loslegen, sagte Gerald. Er merke nicht einmal mehr, dass er rede wie ein Rechter, der alles Progressive diffamiere und die Zeit zurückdrehen wolle. Aber, lieber

Gerald, hätte sie gesagt, und das »lieber« hätte geklungen wie eine Drohung, wir leben nicht im Thüringer Wald, sondern in einer offenen Gesellschaft.

Wenn es um den Thüringer Wald geht, kennt Gerald kein Gnade, unterbrach Artur. Überhaupt redeten die beiden inzwischen ständig durcheinander, was wohl an dem nicht mehr ganz übersichtlichen Verlauf der Versammlung lag, vor allem aber an dem Long Island Ice Tea.

Als Marlene kam, um die nächste Bestellung aufzunehmen, hielten wir die Männer gemeinsam vom nächsten Cocktail mit unberechenbarer Wirkung ab und einigten uns alle auf Margaritas.

Also, nachdem Franziska Schwarz den Thüringer Wald ins Spiel gebracht hatte, beschimpfte Gerald sie als eine bösartige Person, die ihre grünen Phantasien für Machtspiele missbraucht und die Heimatliebe anderer Menschen verachtet, die den ganzen Thüringer Wald wahrscheinlich am liebsten abholzen würde, um Windmühlen aufzustellen, worauf Franziska Schwarz nur höhnisch lachte. Da offenbare sich Geralds politischer Horizont, deutscher Wald und deutsche Heimat, es fehle nur noch Deutschland den Deutschen, dieser ganze Scheißnationalismus, Gerald müsse sich nur einmal selbst zuhören.

Ich dachte, Gerald sei beliebt bei den Kollegen. Wollte ihn denn niemand verteidigen?, fragte ich.

Jemand hat gerufen, die beiden sollten mal wieder runterkommen, sagte Artur, aber dann meldete sich noch dieser Idiot Tim Müller, der sonst das Maul nicht aufkriegt, und behauptete, nationalistische Tendenzen seien ihm an Gerald schon immer aufgefallen, besonders wenn es um Muslime gehe, die er alle für nicht integrierbar erklärt habe. Aber da sagte endlich Navid etwas, der die ganze Zeit nur mit erschrockenen Augen zugehört hatte.

Gerald sei sein Freund und er, ein Muslim, sei auch Geralds Freund, und noch nie habe seine Herkunft eine Rolle gespielt. Aber da fiel ihm Franziska Schwarz ins Wort und sagte, auch jeder Nazi hätte gesagt, er kenne einen guten Juden, worauf Navid sagte, er selbst halte auch viele Muslime für nicht integrierbar und ob er deshalb auch ein Nationalist sei. Und dann sagte Franziska Schwarz: Es gibt schließlich auch antisemitische Juden.

Und da hätte es ihm endgültig gereicht, schon die ganze Zeit sei sein Puls auf hundertachtzig gewesen, aber jetzt sei ihm das Blut in den Kopf geschossen, sagte Artur, in seinen Ohren habe es gerauscht, als würde es schäumen, er sei aufgesprungen und habe Franziska Schwarz angeschrien, warum sie hier andauernd von Juden rede, ob sie aus Gerald auch noch einen Antisemiten machen wolle oder gleich einen Nazi, was hier eigentlich abgehe, und wer Franziska Schwarz denn sei, dass sie ein Femegericht über einen Menschen inszeniere, der bis vorgestern ein geschätzter Kollege war, nur weil der einen blödsinnigen Spruch abgelassen hat, der dann irgendeinem bekloppten Rechten auch eingefallen ist.

Auch jetzt schoss Artur wieder das Blut in den Kopf, mit gerötetem Gesicht und vom Alkohol befeuert wiederholte er alles, was er Franziska Schwarz entgegen geschleudert hatte, und das in einer Lautstärke, die sogar die Aufmerksamkeit der lachenden Männergesellschaft vom Nachbartisch auf uns lenkte. Jeden Satz begleitete er mit einer kämpferischen Geste, was in dieser Umgebung und unserer trunkenen Stimmung eher komisch als heroisch wirkte. Gerald genoss Arturs Darbietung von seinem grandiosen Auftritt, als höre er die Sätze zum ersten Mal. Wer hätte denn geahnt, dass so ein Kerl in ihm steckt, sagte er und tätschelte dabei Arturs Hinterkopf. Aber einmal in Fahrt, hätte der gar nicht mehr aufgehört zu reden, hat die versammelte Mannschaft als Duckmäuser und Denunzianten beschimpft. Und am Ende hat er sogar noch Voltaire zitiert.

Das habe ich vorher extra auswendig gelernt, sagte Artur, weil ich ja in der Klimasache nicht deiner Meinung bin, das habe ich auch gesagt, aber dass ich alles dafür geben würde, dass du deine Meinung sagen darfst.

Bravo, rief Gerald und klatschte Beifall. Sogar Lady, die an Arturs Verwandlung vom Weichei in einen Helden nicht hatte glauben wollen, lachte wohlwollend.

Aber das Beste kommt noch, sagte Gerald, sprang auf und reckte eine Faust in die Luft. So hätte Artur dagestanden, nur ein Schwert in der Hand hätte noch gefehlt. Schade, dass du dich nicht sehen konntest, Artur.

Ich konnte mir einen schreienden und faustschwingenden Artur nur schwer vorstellen. Er selbst schien sich über seinen Ausbruch von Mut nachträglich zu wundern, wenn ich sein stolzes und gleichzeitig verlegenes Lächeln richtig deutete. Wer weiß, was ihm diese heroische Pose eingegeben hatte, vielleicht hatte ja wirklich die Lektüre über seine ritterlichen Namenspatrone Sehnsuchtsbilder in ihm hinterlassen, wie in einem Kind, das seine Helden spielend nachahmt. Jedenfalls soll er so mit erhobener Faust geschrien haben, dass ihn dieses miese Schmierentheater ankotze und er mit solchen Feiglingen und Denunzianten in Zukunft auf keinen Fall mehr jeden Tag in einem Raum sitzen wolle.

Eigentlich sei er sich über die Tragweite dieses Satzes gar nicht klar gewesen, sagte Artur, aber er sei so wütend gewesen, so wütend auch über die eigene Hilflosigkeit, dass ihm die Folgen in diesem Moment sogar gleichgültig waren.

Aber dann, sagte Artur, sei auch Gerald aufgestanden und habe gesagt: Ehe ihr noch auf die Idee kommt, mich rauszuschmeißen, gehe ich lieber selbst. Und dann wären sie beide, ohne noch ein Wort zu sagen, einfach rausgegangen.

In Erinnerung an diesen Augenblick brachen Gerald und Artur in lautes Gelächter aus, das in seinem Übermut so ansteckend war, dass Lady und ich nur mitlachen konnten.

Das nenne ich einen Sieg in der Niederlage, sagte Lady. Darauf leerten wir die Neigen unserer Margaritas.

Nach unserem Abend in Marlenes Bar habe ich Artur nicht mehr gesehen. Zu Weihnachten schickte er eine Karte, auf der er außer den Wünschen für ein frohes Fest mitteilte, dass Gerald, er und vielleicht auch Navid über Weihnachten und Neujahr nach Thüringen zum Skilaufen fahren und über ihre Zukunft nachdenken wollten. Am Seitenrand der Karte stand in kleiner, schwer lesbarer Schrift: Herzliche Grüße, auch an Ihre Freundin. Und vielen Dank für alles! Ihr Artur.

Obwohl die karge Mitteilung keine versteckte Botschaft enthalten konnte, las ich sie zweimal, als ließe sich darin doch noch etwas Unentdecktes finden. Vielen Dank für alles, das war's.

Ich rief Lady an, ich solle sie von Artur grüßen und frohe Weihnachten wünschen.

Das ist doch nett, sagte Lady, und warum klingst du so unfroh?

Klinge ich?

Was schreibt er denn noch?

Dass sie zum Skilaufen nach Thüringen fahren

wollen, sonst nichts. Doch, vielen Dank für alles, schreibt er noch.

Lady lachte. Ich verstehe, du bist enttäuscht.

Ich hatte das Wort nicht denken wollen, aber als Lady es aussprach, wusste ich, dass es so war, ich war enttäuscht. Wochenlang hatte Artur Lanz mein Denken und meine Lektüre bestimmt, und mein anfänglich kühles Interesse hatte sich mit der Zeit in Anteilnahme gewandelt, sogar in freundschaftliches Mitgefühl, das nun auf einer Weihnachtskarte dankbar verabschiedet wurde.

Ja, sagte ich, ein bisschen. Ein bisschen bin ich enttäuscht.

Warum, sagte Lady, ihr habt doch beide bekommen, was ihr voneinander wolltet. Er hat offenbar jemanden gesucht, dem er ungefährdet seine Seelenqual anvertrauen konnte, und du hast dir von ihm eine Geschichte versprochen. Oder wolltest du ihn adoptieren? Schreib deine Geschichte und schick sie ihm, dann seid ihr quitt.

Sei nicht so herzlos, sagte ich, obwohl ich zugeben musste, dass Lady recht hatte. Schließlich war mein Interesse an Artur von Anfang an nicht weniger eigennützig gewesen als sein Interesse an mir.

Trotzdem, sagte ich.

Was trotzdem?

Ach, nichts, sagte ich, du hast recht.

Für einen Spaziergang, der meine Müdigkeit hätte vertreiben können, war es zu spät, es dämmerte schon. Ich kochte mir einen Kaffee, holte die Bücher über Artus und seine Tafelrunde wieder aus dem Regal, blätterte in dem Heft, in dem ich meine Gespräche mit Artur notiert hatte, legte es wieder beiseite, zündete mir eine Zigarette an und sah blind vor mich hin. Ich suchte nach dem Bild von Artur, wie ich ihn zum ersten Mal gesehen habe, einen freundlichen Mann mit diesem wehmütigen Lächeln, der sogar die Säufer auf den Parkbänken um ihren hemmungslosen Frohsinn beneidete.

Es dauerte noch ein paar Tage, ehe ich die ersten Sätze in meinen Laptop tippte, ich schrieb über den Zufall unserer ersten Begegnung, über das Wiedertreffen und den Abend in Rosis Café, über Arturs Mutter und die hoffnungsvolle Namensgebung für ihren Sohn, die dem fünfzigjährigen Artur nun zum Symbol seines Versagens geworden war. Und ich schrieb über meine aufkeimende Hoffnung, in Artur eine erzählenswerte Geschichte gefunden zu haben, die mir für meine verspäteten schriftstellerischen Ambitionen geeignet schien, und wie ich dann selbst in den Sog des Heroischen geriet und mich fragte, wie es möglich sein konnte, dass alle Zeiten vor uns Helden gebraucht und verehrt haben, wir aber die Ersten waren, die sich mit der Sehnsucht nach Helden oder mit Helden, die von Schauspielern gespielt werden, begnügten.

Manchmal las ich Lady ein paar Seiten am Telefon vor, und dann sagte sie, na, siehst du, hat sich doch gelohnt oder etwas ähnlich Aufmunterndes. Und Weihnachten, nachdem wir unsere Ente gegessen hatten und beide gerade schweigend das Flackern einer verendenden Kerze beobachteten, sagte sie: Warum komme ich in deiner Erzählung eigentlich gar nicht vor?

Ich schrieb also auch über Lady und mich und unsere monatlichen Barbesuche bei Marlene. Ich kam nur langsam voran, es war schon April, als Gerald in der Geschichte auftauchte und damit Arturs Suche nach Glück endlich ihre Aufgabe fand.

Mitte April kam eine großformatige Postkarte, auf der eine dicke, braunweiß gescheckte Kuh zu sehen war, die zufrieden auf einer grünstrotzenden Weide lag, dahinter dicht bewaldete Berge unter einem Himmel, der so blau war wie die Weide grün. Die Kuh sah dem Betrachter direkt in die Augen, und die Schrift neben ihr schien aus ihrem Maul zu kommen: Grüezi aus der Schweiz. Die Karte war von Artur Lanz.

Liebe Charlotte, wir sind jetzt hier, in der schönen Schweiz, und arbeiten beide im CERN, das ist die europäische Organisation für Kernfoschung bei Meyrin im Kanton Genf (Näheres finden Sie bei Wikipedia). Es geht uns gut, wir haben ein kleines Haus gemietet und würden uns sehr freuen, wenn Sie uns hier einmal besuchen würden. Gerald und ich sprechen öfter über Sie und unsere seltsame Begegnung, ohne die vielleicht alles nicht so gekommen wäre, wie es nun gekommen ist.
Herzliche Grüße und hoffentlich bis bald
Ihr Artur Lanz